INVENTAIRE
F 38,272

AF332496

THÈSE

POUR LE

DOCTORAT

SOUTENUE PAR

LOUIS LAURE

NÉ A TOULON (VAR), LE 13 MAI 1849

AVOCAT A LA COUR D'APPEL

PARIS

PICHON ET Cie, LIBRAIRES-ÉDITEURS

14, RUE CUJAS, 14

1872

FACULTÉ DE DROIT DE PARIS

DE LA

TRANSMISSION ENTRE-VIFS

DE LA

PROPRIÉTÉ FONCIÈRE

EN DROIT ROMAIN, DANS L'ANCIEN DROIT ET DANS LE DROIT ACTUEL

THÈSE POUR LE DOCTORAT

SOUTENUE

Le Mardi 23 Juillet 1872 à 12 heures

PAR

Louis LAURE

Né à Toulon (Var) le 13 Mai 1849
Avocat à la Cour d'Appel

Président : M. DE VALROGER

MM. COLMET DE SANTERRE		
SUFFRAGANTS : BUFNOIR	PROFESSEURS
GÉRARDIN	
LYON-CAEN	AGRÉGÉ

PARIS

PICHON ET Cie, LIBRAIRES-ÉDITEURS

14, RUE CUJAS. 14.

1872

ABBEVILLE

IMPRIMERIE BRIEZ, C. PAILLART ET RETAUX.

BIBLIOTHÈQUE NATIONALE R.F.

A MON PÈRE, A MA MÈRE.

INTRODUCTION

La théorie de la transmission de la propriété a subi,
comme l'organisation de la propriété elle-même, l'influence du temps et des idées que le progrès social a fait
naître. Si nous examinons cette question de la transmission de la propriété, nous voyons qu'elle touche à deux
sortes d'intérêts d'une nature très-diverse, que les anciens législateurs n'ont pas nettement aperçus, et que la
science moderne seule a distingués. Le premier est l'intérêt des parties entre lesquelles s'opère la transmission
de propriété, l'autre l'intérêt des tiers, à qui il importe
de connaître l'acte qui a fait passer cette propriété d'un
patrimoine dans un autre. Deux questions se présentent
donc au législateur, qui veut organiser une transmission
régulière de la propriété : en premier lieu, quels actes
seront nécessaires pour consommer cette translation
entre les parties, lorsqu'elles seront tombées d'accord
pour l'opérer. Faudra-t-il un acte matériel ou suffira-t-il
d'un simple accord de volontés ? En second lieu, le fait
suffisant pour transférer la propriété entre les parties,
suffira-t-il aussi pour la transférer à l'égard des tiers ou

faudra-t-il en outre porter ce fait à la connaissance de ceux-ci, en organisant pour eux une publicité spéciale ? Sur ces deux points, la solution de toute bonne législation doit être celle-ci : simplifier autant qu'il est possible la transmission de la propriété entre les parties et multiplier au contraire les garanties qui entourent la transmission à l'égard des tiers. Par la première mesure on facilite la circulation des biens ; par la seconde, on assure le crédit public. Ce sont là du reste deux idées corrélatives et plus on simplifie les rapports des parties entre elles relativement à la translation de propriété, plus on sent la nécessité de sauvegarder l'intérêt des tiers par une publicité efficace et par une sanction énergique de cette publicité.

Ceci nous explique la marche des diverses législations sur la question qui nous occupe. A l'origine, nous voyons en effet le législateur, préoccupé presque uniquement de l'intérêt des parties, chercher dans un symbolisme grossier des formes de nature à frapper les esprits, à attirer leur attention sur l'acte qu'elles vont accomplir et sur son importance. La notion abstraite de l'acte, qu'il s'agit de consommer, ne se dégage pas encore des manifestations symboliques dont il est entouré et dans lesquelles il s'identifie. Aussi voyons-nous la législation romaine à l'origine entourer de formes multiples et solennelles la transmission de la propriété. Nous n'avons besoin que de rappeler les paroles sacramentelles et les formalités rigoureuses de la mancipation et de l'in jure cessio. Et d'ailleurs la tradition elle-même, dans sa pureté primitive, n'est-elle pas un signe positif et matériel du déplacement qui s'est opéré dans la propriété ? Est-

ce à dire pour cela que le droit romain ait eu en vue
l'intérêt des tiers, qu'il ait voulu entourer la transmission
de la propriété d'une publicité sérieuse, et consolider
par là le crédit public? Pas le moins du monde, bien que
des auteurs très-accrédités l'aient soutenu. Sans doute la
mancipation, l'in jure cessio, la tradition renfermaient
en elles une certaine notoriété, qui pouvait profiter indirectement aux tiers. Mais on ne peut pas dire que cette
publicité ait été organisée dans leur intérêt. La notion du
crédit et de la publicité des transactions qui en est l'âme
a été mise en lumière par la science moderne et
c'est se faire illusion que de voir dans le formalisme
d'une législation naissante, une théorie scientifique qui
n'a pu être que l'œuvre d'une civilisation plus avancée.
S'il en eût été autrement ici, comment s'expliquerait-on
que ce principe de la publicité des transmissions de propriété, loin de se développer avec les progrès de la
science du droit, ait été au contraire restreint et pour
ainsi dire abandonné, dès l'époque classique et dans le
dernier état de la législation romaine, par la pratique des
traditions consensuelles et le principe des transmissions occultes. Comment s'expliquer que l'on ait, à cette
époque même, donné au simple accord des volontés la
force qu'il n'avait jamais eue jusque-là, de faire naître
un droit réel, le droit d'hypothèque, et cela dans une
matière où la publicité est aussi essentielle que dans
celle de la transmission de propriété. Ainsi en résumé, dans le droit romain primitif, formes multiples
pour opérer la transmission de propriété entre les
parties contractantes: la publicité très-imparfaite, qui
peut en résulter, ne profite qu'indirectement aux tiers,

pour lesquels elle n'a pas été créée et organisée.

Si nous poursuivons maintenant cet historique, nous ne tardons pas à voir se produire dans le droit romain lui-même, une modification sensible : la tradition, qui à l'origine ne s'opérait que par un déplacement effectif et matériel de la possession peut se produire maintenant sans changement apparent dans l'état des choses. Le progrès de la législation amène ce résultat que la transmission de la propriété se simplifie entre les parties contractantes ; les formalités primitives de la mancipation et de l'in jure cessio finissent même par disparaître et la tradition rendue extrêmement facile en pratique, puisqu'elle s'opère souvent par le seul concours des volontés, reste à peu près le seul mode de transférer entre vifs la propriété. Ainsi est résolue la première partie du problème : simplification des formes de la transmission de propriété entre les parties. Mais alors la publicité imparfaite qui résultait pour les tiers du droit romain primitif n'existe même plus, et la seconde phase de la question, celle du crédit public, réclame plus impérieusement que jamais une solution.

Cette solution se fit cependant longtemps attendre. En effet, si nous nous transportons à l'origine de notre droit français, nous voyons que l'époque germanique et plus tard l'époque féodale marquent, par rapport aux traditions romaines, un temps d'arrêt et même de recul, dans l'histoire du droit, comme dans l'histoire de la civilisation. On revient alors, comme dans le droit romain primitif, au culte de la forme et pour ne parler que du sujet qui nous occupe, la transmission de la propriété ne s'opère plus que par l'*ensaisinement* ou l'investiture, qui

doit être conférée par le seigneur à chaque mutation de
fief ou de censive, et qui est une entrave à la circulation
des biens, dans l'intérêt de celui-ci, bien plus qu'une garantie donnée aux tiers, une sauvegarde pour le crédit
public.

La réaction se produit enfin contre la féodalité et ses
institutions. Elle vient de la royauté. L'influence des
légistes y contribue ; la renaissance de l'étude du
droit romain leur fournit les armes dont ils se servent
pour battre en brèche les institutions féodales. Alors le
système romain de la tradition devient le droit commun
de la France. On renchérit même sur la théorie romaine,
telle qu'elle existait dans le dernier état du droit. La tradition, rendue déjà si facile en pratique, paraît elle-même
trop gênante, et elle est remplacée dans la plupart des
cas par une simple clause de saisine, qui finit par devenir de style dans les contrats et tenir lieu de tradition.
On marche ainsi de plus en plus vers le véritable principe philosophique de la transmission de la propriété par
le seul consentement. Cependant cette tendance à simplifier autant que possible la transmission de la propriété
ne fut pas suivie partout, et dans certaines coutumes du
Nord de la France on maintint la formalité de l'ensaisinement, comme condition nécessaire pour opérer mutation de propriété. C'est de la combinaison de ces deux
systèmes qui se partageaient alors le territoire de la
France, que devait naître notre théorie moderne de la
transmission de la propriété.

Cependant elle ne s'introduisit pas dans notre droit,
dès les premières années de la Révolution. En effet la loi
du 27 septembre 1790 laissa subsister les différences

qui existaient auparavant entre les pays de nantissement et le reste de la France. La Révolution ayant supprimé les justices seigneuriales où s'accomplissaient, pour les pays de nantissement, les formalités de vest et dévest, il fallait pour ces pays une loi nouvelle qui leur permit de suppléer à des formalités que l'on ne pouvait plus remplir. Tel fut le but de la loi de 1790, qui substitua aux justices seigneuriales les tribunaux de district, pour l'accomplissement de ces formalités. C'est dans cette loi que nous voyons apparaître pour la première fois le mot de transcription. Du reste, le mot seul est nouveau. La loi de 1790 maintient les deux principes anciens, celui du droit commun et celui des coutumes de nantissement, en leur conservant à chacun un domaine distinct d'application.

La véritable réforme, en cette matière, a été faite par la loi du 11 brumaire an vii. La première, elle distingua nettement les deux intérêts que nous avons vus si souvent en présence. Elle fondit ensemble les deux principes : celui du droit commun et celui des pays de nantissement, en les développant et en les rendant applicables à tout le territoire de la France. Elle étendit le principe romain qui formait le droit commun des coutumes, en supprimant la nécessité de toute tradition et décidant que désormais, *entre les parties*, la propriété serait transférée par le seul effet des conventions. *A l'égard des tiers*, elle décida que la transmission de propriété ne serait consommée que par la formalité de la transcription, empruntant ainsi aux coutumes de nantissement la nécessité de la saisine constatée par les registres publics. Ainsi la double question que nous avions signalée au

commencement de cette étude s'est trouvée résolue.
Désormais la propriété va se trouver transférée entre les
parties de la manière la plus prompte et la plus simple,
sans qu'il soit nécessaire de recourir à des traditions
réelles ou supposées, et par le seul accord des volontés.
Et d'autre part, les tiers n'auront plus rien à craindre
des aliénations clandestines, la mutation de propriété ne
leur étant désormais opposable qu'autant qu'elle aura été
rendue publique par la transcription.

Tel est encore, d'une manière générale, notre système
actuel sur la transmission de la propriété immobilière.
Le Code civil s'est écarté du système de la loi de brumaire ; les effets de la transcription et son étendue d'application ont été restreints. Mais l'expérience a de nouveau condamné ce retour à l'ancien ordre de choses, et,
après différents essais restés sans résultat, la loi du 23
mars 1855 est enfin revenue au principe de la publicité
si heureusement inauguré par la loi de brumaire et a
même complété le système de cette loi en étendant la
publicité de la transcription à tous les actes constatant
établissement, transmission, abandon ou modification de
droits réels immobiliers, sans distinguer si ces droits
sont ou non susceptibles d'hypothèque.

En résumé, dans notre législation actuelle, la propriété
est transférée par le seul effet des conventions *entre les
parties contractantes*. Ainsi, par le seul effet de la vente,
l'acheteur est devenu propriétaire, le vendeur a cessé de
l'être. Mais cette aliénation n'est opposable aux tiers,
tels qu'ils sont déterminés par la loi de 1855, que si
l'acte qui la constate a été transcrit sur les registres publics
du conservateur des hypothèques. Si la formalité a été

accomplie, les tiers pourront dès lors agir en toute sécurité, car la loi leur donne les moyens de connaître l'état de la fortune immobilière de celui avec qui ils veulent entrer en relation d'affaires, et par suite la mesure du crédit qu'ils peuvent lui accorder.

DROIT ROMAIN

Les règles du droit romain sur la transmission de la propriété ont varié depuis le droit romain primitif jusqu'à Justinien. Mais il est un principe commun à toutes les époques de la législation romaine, c'est que les conventions, même revêtues des formes juridiques du droit civil, et rangées au nombre des contrats, ne suffisent pas pour transférer la propriété. Par cela seul que les parties sont tombées d'accord sur la mutation qu'elles veulent opérer, la propriété ne se trouve pas déplacée : il y a de la part de celui qui veut se dépouiller une promesse emportant obligation de *dare ;* un droit de créance est né au profit de celui qui veut acquérir, mais aucun droit réel n'a pris naissance à son profit. On ne concevait pas en effet que les contrats pussent produire autre chose que des obligations et que la propriété pût être transportée d'une personne à une autre, sans que les modes organisés ou reconnus par le droit civil, comme seuls capables de transférer la propriété, eussent été employés. Il fallait pour consommer l'acte que les parties avaient en vue d'accomplir, un fait plus matériel, plus apparent que le simple concours des volontés, et c'est seulement par les progrès de la législation et de la science, à travers le droit romain et notre ancien droit, que le législateur moderne a été conduit au principe philosophique de la transmission directe de la propriété entre les parties par l'effet des contrats. Quant au motif que l'on a voulu donner de la règle romaine, et à l'organisation de la publicité, par laquelle on a prétendu l'expliquer, nous avons déjà dit, dans notre Introduction, ce que, selon nous, il fallait en penser, et combien c'était se faire illusion que de présenter la notion du crédit public comme l'objet des préoccupations du législateur romain, en matière de transmission de la propriété. Quoi qu'il en soit, le principe est certain, et nous le trouvons formulé nettement dans un texte du Code, la loi 20, de Pactis, ainsi conçue : « *Traditionibus et usucapionibus dominia rerum, non nudis pactis transferuntur.* » De là, ces deux conséquences principales : Toutes les fois qu'une chose a été vendue ou donnée successivement à deux personnes différentes, la propriété doit en rester à celle qui la première en a reçu tradition. (L. 15, C. De rei vind. et Sent. de Paul, liv. V, tit. 11, § 4.) En second lieu, l'acquéreur d'une chose ne peut la revendiquer, tant que la tradition ne lui en a pas été faite. (L. 27, C. De rei vind.).

Il y a cependant plusieurs cas dans lesquels on peut se demander si les Romains ne se sont pas écartés de ce principe rigoureux que les droits réels ne peuvent résulter du seul accord des volontés. Sans parler ici des traditions feintes ou symboliques, imaginées par les anciens commentateurs du droit romain, et qui sont au fond, comme nous le verrons dans le cours de cette étude, de véritables traditions, il y a un droit réel, d'origine prétorienne, l'hypothèque qui pouvait se constituer

par simple pacte et sans aucun déplacement de possession, de telle sorte qu'entre deux personnes auxquelles
un même bien avait été hypothéqué, celle-là fut préférée
qui avait obtenu, la première, constitution d'hypothèque,
bien que le second créancier eut reçu tradition. L'utilité que présentait pour le débiteur un pareil pacte,
l'intérêt qu'il y avait pour lui à ne pas se dépouiller de
la possession de la chose, comme cela avait lieu dans le
système du pignus, à pouvoir hypothéquer la même
chose au profit de divers créanciers, sans épuiser d'un
seul coup son crédit, tout cela explique suffisamment la
faveur dont la constitution d'hypothèque avait été entourée. C'eût été là en effet une dérogation heureuse
aux principes sévères du droit civil, si la publicité était
venue parer aux dangers qu'elle pouvait présenter.

Une véritable dérogation à notre principe, en matière
même de transmission de la propriété, proposée déjà, dès
l'époque classique, par le jurisconsulte Ulpien, finit par
être consacrée, dans le dernier état du droit. Nous
aurons en effet l'occasion de voir que dans le cas d'une
transmission de propriété, pour cause de vente ou de
donation résoluble sous condition, Ulpien avait proposé
que la propriété, qui depuis la tradition de la chose
appartenait à l'acheteur ou au donataire, revint à l'aliénateur primitif ipso jure et sans le secours d'aucune
tradition, par ce seul fait que la condition venait à
se réaliser. Sa doctrine, repoussée par la plupart des
jurisconsultes classiques, a passé dans le Code de Justinien.

Nous trouvons en outre une espèce particulière de
contrat, la société de tous biens, à laquelle s'applique
cette règle remarquable que, dès l'instant même du contrat, les biens appartenant à chacun des contractants

deviennent indivis entre tous, sans qu'il y ait eu entre eux tradition, ni même déclaration expresse de constitut possessoire. « Quoiqu'on n'exige pas, dit Gaius, une tradition spéciale, on suppose qu'il y a eu tradition tacite. » (L. 2, D. Pro Socio, 17, 2.) Au fond, et malgré la fiction du jurisconsulte, il y a là une véritable exception au principe que la propriété ne se transfère pas par l'effet des conventions.

Il n'en est pas de même du § 31, Com. II, de Gaius, et du § 4, de Servitutibus, aux Institutes, qui reproduit la pensée de Gaius. D'après les textes, si quelqu'un veut constituer une servitude sur un fonds provincial, et, sous Justinien, sur toute espèce de fonds, il peut le faire par des pactes et des stipulations. Certains auteurs en ont conclu qu'un véritable droit réel de servitude pouvait résulter d'un simple consentement, ce qui serait une véritable exception au principe que la propriété ne peut être transférée que par la tradition, indépendamment de l'accord des volontés. Je crois néanmoins et c'est aujourd'hui une opinion à peu près universellement admise, que les pactes et les stipulations, en l'absence de toute tradition, ne pouvaient servir qu'à constituer l'équivalent d'un droit de servitude, un droit de créance, vis-à-vis du propriétaire du fonds servant. Nulle part les textes ne nous signalent le droit réel de servitude comme pouvant résulter d'une simple convention ou même d'un contrat, et l'expression *constituere*, que l'on trouve dans nos textes, ne prouve pas qu'il y ait eu constitution d'un droit réel ; car elle est employée ailleurs, dans des hypothèses où il ne peut être question que de faire naître un droit de créance.

En résumé, sauf de très-rares exceptions, lorsque les parties sont tombées d'accord sur une aliénation, il faut

pour la consommer un acte matériel, l'emploi de l'un
des modes de transmission de la propriété, la *mancipation*, l'*in jure cessio*, la *tradition*. Examinons donc rapidement les modes conventionnels de transmission de la
propriété. Nous aurons sur ce point à distinguer trois
périodes, qui correspondent à trois époques distinctes
dans l'histoire de l'organisation de la propriété. Cette
étude générale de la propriété et des divers moyens de
l'acquérir, à la suite des conventions, fera l'objet du
Chapitre Ier. Nous étudierons ensuite en détail dans le
Chapitre II, le mode le plus fréquent de transmission de
la propriété, le seul, à vrai dire, qui subsiste encore dans
le droit de Justinien, la *tradition*.

CHAPITRE PREMIER.

Notions générales sur les modes de transmission entre vifs de la propriété aux différentes époques du droit romain.

Nous ne nous proposons de traiter ici que de la transmission de la propriété, qui s'opère avec le consentement des parties. Écartant donc l'*usucapion*, l'*adjudication* et la *loi*, qui sortent des limites de notre sujet, nous
étudierons successivement, aux différentes époques de
la législation romaine, la *mancipation*, l'*in jure cessio*,
la *tradition*, nous réservant de développer plus particulièrement ce dernier mode de transmission, qui nous
intéresse plus que les autres par son étendue d'applica-

tion et par le rôle qu'il a joué dans le droit romain et dans notre ancien droit.

PREMIÈRE ÉPOQUE : DROIT DES DOUZE TABLES.

Une grande incertitude règne sur cette première phase de l'histoire de la propriété à Rome. L'obscurité est plus grande encore ici que dans l'étude de l'état des personnes. Quelques fragments de Gaius et des jurisconsultes classiques, reproduisant incidemment le droit ancien pour le comparer avec le droit en vigueur de leur temps, sont à peu près les seules sources auxquelles nous puissions puiser. Il est cependant un point qui ne peut être contesté, grâce au témoignage de Gaius, c'est que les Romains n'ont connu à l'origine qu'une seule espèce de propriété, le *dominium ex jure quiritium*. Le droit civil règne alors dans toute sa rigueur, et comme il n'y a pour Rome qu'un seul droit, il n'y a aussi pour elle qu'une seule espèce de propriété : quiconque n'a pas cette propriété est censé n'en avoir aucune. En outre, au point de vue des choses, pas de propriété en dehors du territoire romain ; au point de vue des personnes, pas de propriété en dehors de la cité romaine.

Voilà un point certain. Mais si nous sortons de cette idée générale de la propriété, nous nous trouvons en présence d'une foule de questions sur lesquelles les documents historiques nous manquent. Y a-t-il, dès cette époque, une distinction des choses en *res mancipi* et *nec mancipi ?* Si cette distinction existe, comme tout porte à le croire, sur quoi est-elle fondée ? La tradition est-elle admise dès cette époque, pour les *res nec mancipi ?* et quels effets produit-elle, appliquée aux *res mancipi ?* Sur tous ces points, nous ne pouvons nous décider que par comparaison avec ce que nous voyons admis, sous la seconde période, à l'époque des jurisconsultes classiques. Pour marcher d'une manière plus sûre, nous nous placerons immédiatement à cette seconde époque, et nous suivrons les jurisconsultes romains dans les développements qu'ils nous donnent sur ces questions, allant ainsi du connu à l'inconnu, et essayant de remonter incidemment, comme le font plus d'une fois ici les jurisconsultes eux-mêmes, à l'origine des théories que nous étudions.

DEUXIÈME ÉPOQUE : DROIT DES JURISCONSULTES CLASSIQUES.

Nous avons vu la propriété romaine, la seule qui fut reconnue par l'ancien droit civil, s'appliquant exclusivement à l'*ager romanus*. Mais, avec le temps, le territoire de Rome s'est agrandi. Rome a étendu ses conquêtes autour d'elle. Les peuples de l'Italie, vaincus les premiers, ont obtenu des conditions diverses, suivant l'énergie qu'ils ont mise dans leur résistance. Puis Rome a porté ses armes victorieuses hors de l'Italie. Quelle est donc, à l'époque' où nous sommes arrivés, la condition de tous ces territoires soumis à la puissance romaine ? Les priviléges de l'*ager romanus*, du territoire primitif de Rome, ont été étendus à toute l'Italie, à la suite de la guerre sociale. Ainsi se sont effacées les concessions diverses faites aux différents peuples de l'Italie. Puis ces priviléges ont été étendus de l'Italie à des villes ou à des territoires hors de l'Italie. Enfin, tout territoire, situé hors de l'Italie et qui n'a pas été assimilé par des concessions spéciales au sol italique, est exclu de toute participation au droit civil et à la propriété romaine. — Ainsi, en définitive, nous trouvons, à notre époque, deux conditions profondément distinctes dans les territoires formant alors le monde romain : d'une part, l'Italie et les territoires assimilés au sol de l'Italie, exempts de l'impôt foncier, seuls susceptibles de la propriété romaine, seuls transmissibles par certains modes rigoureusement déterminés; d'autre part, et, dans une condition très-inférieure, le sol provincial, qui est soumis à l'impôt, qui est la propriété du peuple romain, sur lequel les habitants ne peuvent avoir qu'une propriété de fait, dont la conservation et la transmission ne sont garanties que par des moyens indirects et détournés.

I. — Cette distinction étant établie, comment se transmettait la propriété des fonds italiques? Il nous faut parler ici de la division des choses en *res mancipi* et *nec mancipi*, choses susceptibles de mancipation, choses qui ne l'étaient pas. Cette distinction était fondamentale en droit romain. En effet, les règles de la transmission de propriété n'étaient pas les mêmes dans les deux cas, et la capacité d'aliéner pour la femme notamment différait suivant qu'il s'agissait pour elle d'aliéner une *res mancipi* ou une *res nec mancipi*. Il importe donc de savoir quelles choses rentraient dans l'une ou dans l'autre de ces deux catégories. Ulpien nous en donne une énumération limitative. « Étaient *res mancipi* : les immeubles italiques bâtis ou non bâtis ; les servitudes rurales, les esclaves et les animaux domestiques, *quæ dorso collove domantur.* » (Ulpien, tit. xix, § 1.) Toutes les autres choses étaient *res nec mancipi*. On peut citer à titre d'exemples, l'argent monnayé, les denrées, les marchandises, les pierres précieuses, etc. Si cette classification des choses est certaine, il n'en est pas de même des raisons qui ont pu déterminer le législateur romain à l'établir. Les jurisconsultes ne nous donnent aucun éclaircissement sur ce point· Gaïus nous dit bien que les choses mancipi sont les plus importantes, *res pretiosiores,* du moins aux yeux du législateur primitif. Mais à quel point de vue ? Là commencent les conjectures. Les explications les plus diverses ont été proposées ; aucune ne satisfait complétement l'esprit. Selon les uns, les *res mancipi* sont les choses les plus importantes au point de vue de l'agriculture. Dans une autre opinion, assez ingénieuse du reste, les choses mancipi ont été les biens pris à la guerre sur l'ennemi, le butin, comme semble l'indiquer l'expression de *mancipium (manu capere),* Ces biens, devenus la propriété du peuple romain par la conquête, étaient ensuite distribués en vertu d'une loi entre les particuliers, et l'acquéreur portait le nom de *manceps.* On peut supposer que ces choses, qui ne pouvaient être ainsi acquises de l'État qu'en vertu d'une loi, ne pouvaient être transmises entre particuliers que dans les formes d'une loi : de là la mancipation, et la nécessité des cinq témoins, *classici testes,* représentant les cinq classes du peuple romain. La nécessité pour l'acquéreur d'appréhender l'objet de l'aliénation apparaît elle-même comme une image de l'origine de la mancipation, l'acquisition par la conquête. Ce que l'on peut dire de plus certain et de moins conjectural sur ce point, c'est que les Romains ont compris dans les res mancipi, et considéré comme exigeant des formes et des garanties particulières, au point de vue de l'aliénation et de la transmission, toutes les choses le plus anciennement connues, n'étant pas en général de nature à se consommer par le premier usage et présentant le plus de valeur et d'utilité pour la société de ce temps-là.

On peut voir déjà, par ce que nous venons de dire sur cette distinction des choses en *res mancipi* et *nec manci-*

pi, que cette distinction a dû exister dans le très-ancien droit de Rome, bien que le contraire ait été soutenu. On ne peut en effet concevoir une pareille théorie qu'à l'origine d'une société et dans une législation naissante. D'ailleurs , le § 47 du Commentaire II de Gaïus est aussi formel que possible, pour attester l'existence des res mancipi et nec mancipi, dès l'époque même des Douze Tables.

Il y avait donc, dès l'époque des Douze Tables comme dans le droit de l'époque classique, des choses *mancipi* et *nec mancipi*. Si nous nous demandons maintenant comment ces diverses choses pouvaient être l'objet d'une translation de propriété, nous trouvons trois modes de transmission, qui avaient chacun un domaine et une étendue d'application particuliers. C'étaient : la *mancipation* applicable aux res mancipi ; la *tradition*, réservée plus particulièrement au *res nec mancipi* ; enfin l'*in jure cessio*, applicable également à l'une et à l'autre catégorie de choses.

1₀ La *mancipation* était une vente fictive, *imaginaria venditio*, dit Gaïus, dans laquelle celui qui voulait acquérir échangeait une pièce d'airain, représentant le prix de l'aliénation, contre la chose qu'il voulait acquérir.

Tout était du reste symbolique dans ce mode d'aliénation. Il devait avoir lieu en présence de cinq témoins, citoyens romains et pubères, et d'une personne de même condition, tenant à la main une balance d'airain et appelée à cause de cela *libripens*. Celui qui veut acquérir, saisissant alors la chose qui fait l'objet de la mancipation, prononce ces paroles : *Hunc ego hominem ex jure quiritium meum esse aio, isque mihi emptus est hoc œre, œneaque libra.* Puis il frappe l'un des plateaux

de la balance avec la pièce d'airain, qu'il donne à l'aliénateur en guise de prix. (Gaïus 1, § 119.)

Ce mode d'aliénation, qui semble devoir s'appliquer
exclusivement aux meubles, par la forme et par l'exemple que nous en donne Gaïus, servait cependant indifféremment à transférer la propriété d'un meuble ou d'un
immeuble. Mais, tandis que les objets mobiliers ne pouvaient être ainsi aliénés que s'ils étaient présents, et
qu'on pût les tenir dans la main, les immeubles pouvaient être mancipés, bien qu'ils fussent éloignés. Il
suffisait sans doute alors, comme dans l'in jure cessio, ou
la revendication par le *sacramentum*, de les représenter
par un signe symbolique, une motte de terre pour un
champ, une tuile pour une maison, etc. (Gaïus. C. IV,
§ 17.)

La pièce de monnaie que nous voyons figurer ici est
un symbole du prix, et l'usage de la balance s'explique
par la nécessité où l'on était de peser le métal à une
époque où les pièces de monnaie ne portant pas une
empreinte connue et déterminée d'avance par l'autorité
publique, ne pouvaient avoir de valeur que par leur poids
et non par leur nombre. Plus tard, quand les Romains
connurent la monnaie frappée, *signata pecunia*, l'usage
de la balance et le simulacre de la pesée se maintinrent
dans la mancipation, bien qu'ils fussent devenus inutiles,
le respect pour les formes étant plus puissant que le progrès des mœurs et de la civilisation.

Il faut aussi voir un symbole dans l'intervention des cinq
témoins citoyens romains et pubères, qui présentent du
reste cette utilité de constater la régularité de l'opération. Les cinq témoins appelés quelquefois *classici testes*,
représentaient sans doute les cinq classes du peuple romain, qui intervenaient peut-être effectivement, à l'ori-

gine, dans les aliénations, comme elles intervenaient dans la confection des testaments.

Telles étaient les formes symboliques et sacramentelles de la mancipation. Ainsi se transférait la propriété des *res mancipi*, dans le droit des Douze Tables, comme dans le droit classique. Mais la mancipation avait-elle aussi pour effet de faire acquérir la possession ? Il faut répondre négativement. Cela résulte en effet d'une manière formelle, de deux textes : le § 204 du Com. II de Gaïus, où le jurisconsulte décrivant l'effet du legs *per damnationem* dit que l'héritier est tenu, si la chose léguée est une *res mancipi*, d'en faire mancipation ou cessio in jure et d'en livrer ensuite la possession, tandis que si la chose est *nec mancipi*, il lui suffit d'en faire tradition, et aussi du § 31 des Fragments du Vatican, qui dit qu'une donation est parfaite entre personnes non exceptées par la mancipation suivie d'une tradition pour une *res mancipi*, et par une simple tradition s'il s'agit d'une res nec mancipi.

La propriété d'une *res nec mancipi* s'acquiert par la tradition ; mais la mancipation est-elle exclusivement applicable aux *res mancipi*, et ne produirait-elle aucun effet si elle était appliquée à une chose *nec mancipi?* C'est là une question controversée et qu'aucun texte ne nous permet de résoudre. Cicéron lui-même, qui la pose, dans ses Topiques, § 10, n'en donne, à vrai dire, aucune solution. C'est qu'en effet il a dû arriver très-rarement que les parties aient songé à accomplir, pour transférer la propriété d'une *res nec mancipi*, les formalités si nombreuses et si compliquées de la mancipation, tandis qu'elles avaient à leur disposition un mode aussi simple et aussi efficace que la tradition. On décide d'ordinaire que la mancipation appliquée à une *res nec mancipi* ne produisait aucun effet. Les textes nous représentent en effet la *mancipatio* comme une *propria alienatio rerum mancipi* (Ulpien, xix, § 3), et nulle part nous ne voyons qu'on ait attaché à la *mancipatio*, appliquée à une *res nec mancipi*, des effets analogues à ceux que nous voyons attachés à la tradition des *res mancipi*. Il pouvait arriver cependant quelquefois qu'on accompagnât la tradition des formes de la *mancipatio,* pour transférer la propriété de certaines choses *nec mancipi* de grande valeur, par exemple des perles, des pierres précieuses (Pline. Hist. nat. ix, 58 et 60). Mais, dans ce cas, la propriété était transférée par la tradition, la mancipation n'ayant d'autre but que de faire constater d'une manière plus certaine l'accomplissement de cette tradition.

Parmi les conditions qu'Ulpien nous signale comme nécessaires pour la validité d'une mancipation, il ne nous parle point d'une *justa causa,* comme il le fait à propos de la tradition. La *justa causa* est un fait révélant chez le *tradens* l'intention d'aliéner. Le jurisconsulte ne l'exigerait-il donc pas en matière de *mancipatio?* Voici l'explication que donne à ce sujet M. de Savigny, dans son *Droit des Obligations*. Le fait qui révèle l'intention d'aliéner n'est pas exprimé dans la tradition, dans la remise de la possession; cette remise peut très-bien avoir lieu sans impliquer chez le *tradens* l'intention de transférer la propriété. Il faut donc voir dans les circonstances qui ont entouré cette tradition, s'il y a eu ou non, de la part du *tradens,* intention d'aliéner. Au contraire, dans la mancipation, la *justa causa* est toujours formellement exprimée; elle fait partie intégrante de la formule, l'acquéreur prononce en effet ces paroles : Je dis cette chose mienne et je l'ai achetée par cette pièce de cuivre et cette balance. Il est donc inutile de se demander ici s'il y a ou s'il n'y a pas *justa causa.*

Nous avons vu la mancipation, mode de droit civil, s'appliquant exclusivement à une catégorie de choses que le droit civil primitif avait limitativement déterminée. La même rigueur régnait dans la détermination des personnes qui pouvaient figurer dans la mancipation, soit comme parties, soit comme témoins. La mancipation ne pouvait en effet avoir lieu qu'entre citoyens romains, latins coloniaires, latins juniens ou pérégrins à qui avait été accordé le *jus commercii,* c'est-à-dire un des éléments les plus précieux de la cité romaine. De plus la mancipation étant un *actus legitimus,* on appliquait ici la maxime : *nemo alieno nomine lege agere potest,* et l'on décidait que nul ne pouvait, dans ce mode d'aliénation, acquérir la propriété par un représentant, par un mandataire. Toutes ces particularités sont autant de différences entre la mancipation et la tradition, que nous aurons à étudier plus loin, en détail.

Avant de terminer sur la mancipation, comme mode de transférer la propriété des fonds italiques, il nous reste à dire un mot de la mancipation, comme mode de constituer sur ces mêmes fonds les démembrements du droit de propriété. La mancipation, ne s'appliquant qu'aux res mancipi, ne pouvait servir qu'à constituer des servitudes rurales, les seules qui fussent res mancipi et par conséquent susceptibles de mancipation. L'usufruit et les servitudes urbaines ne pouvaient être mancipés directement. Mais on pouvait, en mancipant un fonds, déduire de la propriété que l'on aliénait, un droit d'usufruit ou une servitude quelconque rurale ou urbaine, ce que Paul exprime en disant : « Per mancipationem deduci ususfructus, non transferri potest. » (Frag. Vatic., § 47.)

2° Le second mode de transférer la propriété est *l'in*

jure cessio, qui s'applique aussi bien aux *res mancipi* qu'aux *res nec mancipi*. Il consiste dans le simulacre d'une revendication sous le système des actions de la loi, et dans l'acquiescement à cette revendication de la part de l'aliénateur. Trois personnes sont donc en présence dans la cessio in jure, comme dans la revendication : l'acquéreur qui joue le rôle de demandeur à la revendication, l'aliénateur qui représente le défendeur, le magistrat qui prononce. Celui à qui on veut transmettre la propriété de la chose, la revendique comme sienne devant le magistrat : *hunc ego fundum ex jure quiritium meum esse aio.* Le préteur demande à celui qui veut transférer la propriété, s'il la revendique de son côté. Celui-ci répond négativement ou garde le silence, et, comme dans un véritable procès en revendication, où le défendeur ne conteste pas la prétention du demandeur, le magistrat déclare que la chose appartient au revendiquant, c'est-à-dire à celui qui se propose d'acquérir. L'acte par lequel le magistrat attribue la propriété à l'acquéreur est une *addictio.*

On comprend que la nécessité de se transporter devant le magistrat pour accomplir la transmission de propriété dût rendre en pratique ce mode d'aliénation bien moins fréquent que la mancipation ou la tradition. C'est ce que nous dit Gaius, pour la mancipation : « Nous faisons, dit-il, presque toujours usage de la mancipation. En effet, ce que nous pouvons faire par nous-mêmes et en présence de nos amis, quelle nécessité y aurait-il de chercher à l'obtenir avec de plus grandes difficultés, devant le préteur ou le président de la province ? » Notons toutefois que la mancipation ni la tradition ne peuvent, sauf en ce qui concerne les servitudes prédiales, s'appliquer aux choses incorporelles. Au contraire, l'in jure cessio peut conférer sur un fonds italique tous les démembrements de la propriété. C'est ainsi qu'un droit d'usufruit peut être constitué par in jure cessio. Les textes nous montrent également ce mode d'aliénation applicable à une hérédité et à une tutelle légitime. (Ulpien, reg. 19, 11.)

Quant à l'existence de l'*in jure cessio*, dès l'époque des Douze Tables, elle nous est révélée d'une manière certaine, comme pour la mancipation, par un texte de Paul. (Frag. vatican § 50 *in fine*.) « *Et mancipationem et in jure cessionem lex duodecim tabularum confirmat.* » — Ajoutons que, comme la mancipation, l'*in jure cessio* transférait la propriété, mais non la possession. Le § 204 du Commentaire II de Gaïus, déjà cité à propos de la mancipation, ne peut laisser aucun doute à ce sujet.

3° Arrivons au troisième mode de transmission, la *tradition*, mode particulier aux *res nec mancipi*. A la différence des deux autres modes qui sont des créations artificielles du droit civil, celui-ci est emprunté au droit des gens, on le retrouve dans toutes les législations ; car il est dans la nature des choses, et les jurisconsultes romains proclament qu'il n'est rien de si conforme à l'équité que de valider la volonté du propriétaire se dé-pouillant de sa chose pour en transférer la propriété à autrui. Aussi la tradition a-t-elle survécu à la *mancipa-tion*, à l'*in jure cessio*, à toutes les institutions originales du droit civil primitif, et nous la retrouverons bien souvent encore, dans le cours de cette étude. Nous ne ferons ici que l'historique de la tradition, nous bornant à détermi-ner son étendue d'application, à l'époque des Douze Tables et à l'époque des jurisconsultes. Quant à la théorie même de la tradition, à sa nature, à ses condi-tions, comme elles ont peu varié, aux différentes époques de la législation romaine, nous en ferons l'objet spécial du Chapitre II.

La tradition est, avons-nous dit, le mode d'aliénation des *res nec mancipi*. Mais quel est l'effet de la tradition, mode du droit des gens ? Transférait-elle sur les choses la propriété du droit civil, le *dominium ex jure quiritium* ? Cette question a soulevé de vives controverses, qui aujourd'hui, il faut le dire, sont à peu près tranchées. On a soutenu d'abord que les choses *nec mancipi* étaient en dehors du droit civil, et par suite n'étaient pas susceptibles de la propriété quiritaire ; d'où l'on conclut que la tradition ne pouvait pas transférer cette propriété. Cette opinion n'est pas sérieuse, car il est hors de doute que les *res nec mancipi* étaient au même titre que les *res mancipi* susceptibles de la propriété romaine. Ce qui les distinguait, c'étaient les modes d'aliénation, qui différaient, suivant qu'il s'agissait de l'une ou de l'autre catégorie de choses. Sinon, comment comprendre l'existence des res mancipi et la transmission de ces sortes de biens, à l'époque des Douze Tables, où il n'y avait, nous le savons, qu'une seule espèce de propriété, la propriété quiritaire. Dans l'opinion qui admet que les res nec mancipi étaient en dehors du droit civil, il faut admettre, dès l'origine, l'existence d'une autre espèce de propriété que celle qui était applicable aux res mancipi, ce qui est en contradiction avec le témoignage formel de Gaïus. Et d'ailleurs ne voyons-nous pas que dans l'in jure cessio, mode d'acquisition du droit civil, applicable aux *res nec mancipi*, la formule était celle-ci : « *Hanc ego rem ex jure quiritium meam esse aio.* » C'est donc que le *dominium ex jure quiritium* pouvait s'appliquer à une *res nec mancipi*.

Mais, ce point démontré, la tradition suffisait-elle pour

conférer sur les choses la propriété quiritaire? Cela ne peut pas être sérieusement mis en doute. Faut-il s'étonner qu'un mode du droit des gens, adopté par le droit civil, soit capable de produire un effet civil ? N'en était-il pas ainsi de toutes les institutions du droit des gens que le droit civil s'est assimilé et notamment en matière de contrats où nous voyons la vente, le louage, la société, le mandat, contrats du droit des gens, produire de véritables obligations civiles. Et d'ailleurs, s'il n'en était pas ainsi, quel droit conférerait la tradition, appliquée à une res nec mancipi ? L'acquéreur aurait-il la chose in bonis, et aurait-il besoin de l'usucapion pour acquérir le domaine civil ? Mais nulle part les textes ne nous signalent cette hypothèse comme un des cas d'application de l'usucapion. Les jurisconsultes sont au contraire unanimes à mettre sur la même ligne l'acquisition d'une chose mancipi par mancipation, d'une chose mancipi ou nec mancipi par in jure cessio, et d'une chose nec mancipi par la tradition. « Singularum rerum dominia nobis adquiruntur, dit Ulpien, mancipatione, traditione,... in jure cessione, etc. » De même Gaïus, Com. II, § 65, 66. Enfin, la loi 23, liv. VI, titre 1ᵉʳ, au Digeste accorde la revendication à celui qui est devenu propriétaire, soit en vertu d'un mode du droit des gens, soit en vertu d'un mode du droit civil. La tradition, appliquée à une *res nec mancipi*, est donc bien un mode d'acquérir, conférant la propriété civile, le *dominium ex jure quiritum*.

Il n'en est pas de même de la tradition, appliquée aux *res mancipi*. Mais si, dans ce cas, la tradition ne confère pas le domaine civil, ne produit-elle du moins aucun effet? Il dut en être nécessairement ainsi, dans les premiers temps du droit romain, à l'époque où la propriété était une, où le domaine n'avait pas encore été démembré. Comme nous l'avons dit plus haut, on avait alors la propriété du droit quiritaire ou on était censé n'en avoir aucune. La tradition d'une res mancipi, impuissante à conférer la propriété du droit civil, ne pouvait donc produire aucun effet. L'acte étant nul, le tradens restait propriétaire, et, par suite, maître de revendiquer la chose qu'il avait livrée entre les mains de l'acquéreur. Le droit primitif de Rome ne reculait pas devant l'iniquité de ce résultat, en harmonie avec les principes, et s'il consentait à se relâcher de sa sévérité et de son culte de la forme pour la transmission des res nec mancipi, le droit des gens était impitoyablement exclu de la transmission des res mancipi. Un seul remède était offert à l'acquéreur, l'usucapion. L'usucapion accomplie, sa situation devenait en effet la même que celle d'un homme à qui une res mancipi aurait été livrée par mancipation ou in jure cessio. Mais jusque-là, c'est-à-dire pendant un an pour les meubles, deux ans pour les immeubles, l'acquéreur restait exposé sans défense à la revendication et à la mauvaise foi de l'aliénateur. L'absence de tout droit rendait pour lui toute protection impossible.

L'injustice de ce système était incompatible avec le progrès de la science des jurisconsultes et l'esprit du droit prétorien. De plus, quand les relations du peuple romain avec les autres peuples se furent multipliées, que son commerce eût pris un développement inconnu jusque-là, la pratique dût s'accommoder mal des entraves que la solennité des formes apportait à la circulation des biens. On sentit le besoin de consacrer d'une manière légale un état de fait, qui devait devenir de plus en plus fréquent, et de protéger d'une manière efficace celui qui recevait une chose mancipi par simple tradition. De là, la division que nous voyons se produire alors dans la propriété. Il y avait en effet à choisir entre deux moyens : assimiler la tradition à la mancipation et à l'in jure cessio, en lui faisant produire les mêmes effets, relativement aux res mancipi ; ou bien conserver à la tradition, sur ce dernier point, son caractère d'institution de droit des gens et lui faire produire un effet en harmonie avec sa nature, c'est-à-dire une propriété de droit des gens. Le premier moyen ne fut pas employé. Il eût abouti en effet à la suppression de la vieille distinction des choses en res mancipi et nec mancipi et il n'était pas encore donné à la science juridique de réaliser une unité qui ne devait se consommer que dans les derniers temps du droit romain. On aima mieux créer à côté de la propriété du droit civil, une sorte de propriété du droit des gens, que l'on désigna par le fait, *in bonis habere*, et qui, comme la plupart des institutions prétoriennes, vint se placer, à côté de la théorie primitive, sans la renverser ni s'y substituer directement. Dès lors, la tradition d'une res mancipi cessa d'être dépourvue d'effets. La propriété se divisa entre le *tradens* et l'*accipiens*, le premier retenant le *nudum jus quiritium*, le second ayant désormais la chose *in bonis*, jusqu'à ce que l'usucapion vint transformer cette propriété prétorienne en une véritable et pleine propriété du droit civil.

Quand le préteur voulait créer un droit nouveau, il donnait à celui qu'il voulait en investir des exceptions ou des actions. C'est ce que nous voyons se produire ici. Le préteur donna à celui qui avait reçu une chose *mancipi* par simple tradition, une exception. Ce possesseur qui avait ainsi la chose *in bonis* put opposer à la mauvaise foi du propriétaire qui s'avisait de revendiquer l'exception de dol ou bien l'exception *rei venditæ* (ou *donatæ) et traditæ.* Il ne pouvait se défendre par l'exception de dol que contre son vendeur (ou donateur), et contre les héritiers de celui-ci ; encore fallait-il que ce ne fussent pas des personnes contre qui, à raison de leur qualité, l'action ou l'exception de dol était impossible. Mais l'exception *rei venditæ et traditæ* était au contraire opposable même à un cessionnaire, à un acquéreur à titre onéreux du vendeur, qui ne s'était pas rendu coupable de dol. Ce n'était pas assez que de protéger la possession de celui qui avait une chose *in bonis ;* car, s'il venait à la perdre, il avait par là même perdu tout moyen de la recouvrer. Le préteur fit un pas de plus, en lui donnant une action réelle par laquelle il pouvait, à l'image de la revendication, reprendre sa chose entre les mains du possesseur actuel. Cette action est la *publicienne.* C'est une action *fictice,* en ce sens que la question à examiner pour le juge n'est pas de savoir si la chose est actuellement au demandeur, mais si elle eût été à lui, en supposant qu'il l'eût possédée le temps voulu pour servir de base à l'usucapion. Si l'action est intentée contre un possesseur autre que le propriétaire, elle triomphera par elle-même, et celui qui a perdu la chose qu'il avait *in bonis* en recouvrera la possession. Si le défendeur à la publicienne est le propriétaire lui-même, l'action sera repoussée par l'exception *justi dominii ;* mais comme il serait inique que la mauvaise foi du propriétaire put servir pour lui de fondement à un droit, l'acheteur qui a reçu la chose mancipi par simple tradition triomphera en définitive de l'exception *justi dominii* par la *replicatio rei venditæ et traditæ.* Ainsi se trouve constitué, à son profit, un véritable droit de propriété, garanti par un des attributs les plus précieux du droit de propriété, l'action en revendication.

Ce n'était pas là du reste le seul avantage que conférait à l'*accipiens* la tradition d'une res mancipi, ou plus généralement l'*in bonis* ; car s'il est vrai de dire que les attributs de la propriété se divisent entre celui qui a le *nudum jus quiritium* et celui qui a la chose *in bonis*, l'utilité réelle et effective de la propriété est tout entière pour ce dernier, le premier n'ayant le plus souvent qu'un vain titre, et quelquefois une charge. Énumérons rapidement les avantages dont jouissait celui qui avait la chose *in bonis* : il avait seul l'usage et la jouissance de la chose ; les fruits et les produits étaient sa propriété exclusive. Il avait la *potestas dominica* sur les esclaves, le droit de les affranchir, du moins à l'effet de les rendre Latins juniens, le droit de leur succéder. Enfin il pouvait convertir sa propriété en une pleine propriété de droit civil, par l'effet de l'usucapion. De son côté, celui qui avait gardé le *nudum jus quiritium* conservait bien, d'après le droit strict, le droit de disposer de sa chose, mais il ne pouvait le faire au préjudice de celui à qui il l'avait livrée. Il avait également la revendication, mais il ne pouvait s'en servir à l'encontre de celui qui avait l'*in bonis*, car son action eût été paralysée par l'exception *rei venditæ et traditæ*. Il avait la tutelle de l'affranchi impubère sans avoir droit à sa succession. En résumé, signalons ces trois restrictions apportées au droit du propriétaire bonitaire : il ne pouvait disposer que de l'*in bonis* ; il ne pouvait faire un legs *per vindicationem*, ni affranchir un esclave, si ce n'est pour le rendre Latin junien.

Disons enfin, avant de terminer sur ce point, que la théorie de l'*in bonis* avait été étendue par la jurisprudence et l'édit du préteur, à d'autres cas que celui que nous avons examiné jusqu'ici, c'est-à-dire à la tradition d'une *res nec mancipi*. Cette propriété, fondée sur le droit naturel et l'équité, était celle que conférait le préteur à un citoyen romain, toutes les fois que l'on était en dehors des limites étroites du droit civil. Elle avait même fini par absorber complétement dans les faits la propriété du droit quiritaire, longtemps avant la réforme de Justinien. Citons seulement quelques applications de l'*in bonis* : en matière de *bonorum possessio*, l'héritier du droit prétorien avait les choses de la succession *in bonis*. Il en était de même du *bonorum emptor* et de l'*héritier fidéicommissaire*. Il y avait également lieu à l'in bonis, en cas de refus de la *cautio damni infecti* ou de la *cautio judicatum solvi*, en cas d'*abandon noxal*, etc. J'ajouterai que, selon toute probabilité, notre hypothèse a dû être un des premiers cas d'application de l'action publicienne, qui s'applique aussi au cas d'une personne ayant reçu une chose quelconque d'un non-propriétaire ex justa causâ et de bonne foi. C'est un point historique sur lequel il est difficile d'avoir une opinion bien arrêtée, et d'apporter des preuves concluantes. Je serais cependant porté à croire que l'application de la publicienne à notre hypothèse a dû précéder son application au cas d'une personne ayant reçu une chose d'un non-propriétaire ex justâ causâ et de bonne foi. C'était en effet ici que l'équité était blessée d'une manière plus criante, et que l'intervention du préteur était le plus impérieusement réclamée.

Nous avons vu quel était l'effet de la tradition appliquée à une res· mancipi, sans être accompagnée d'une mancipation ou d'une in jure cessio, et le dédoublement de la propriété qui en était la conséquence, à l'époque des jurisconsultes classiques. Ne pouvait-il cependant jamais se faire que la propriété pleine et entière d'une res mancipi, fut transférée par simple tradition ? — Un point certain c'est qu'à la différence de la mancipation et de l'in jure cessio, la tradition, mode du droit des gens, était accessible au pérégrin. C'était même le seul mode capable de transférer la propriété d'un citoyen romain à un pérégrin ; il avait du reste cet effet de transformer la propriété quiritaire en propriété du droit des gens. D'autre part la distinction des choses en res mancipi et nec mancipi n'existant pas pour le pérégrin, la décomposition qui se produisait dans la propriété en cas de tradition d'une res mancipi n'était possible que dans les rapports des citoyens entre eux. Pour le pérégrin, il n'y avait qu'une seule espèce de propriété. La tradition faite à un pérégrin, fut-elle appliquée à une res mancipi, était donc aussi efficace que la mancipation faite par un citoyen romain à un autre citoyen romain, en ce sens qu'elle transférait la propriété pleine et entière, sans qu'aucun démembrement en eût été retenu C'est en effet ce qui résulte de plusieurs textes, notamment du § 16 tit. 1er, des règles d'Ulpien : « Il est possible, dit Ulpien, qu'on ait un esclave *in bonis*, par exemple dans cette hypothèse : Si un citoyen romain a acheté un esclave d'un autre citoyen romain. que cet esclave lui ait été livré, sans *mancipatio* ni *in jure cessio*, et qu'il n'ait pas été possédé une année. » Le jurisconsulte suppose bien ici que la tradition de l'esclave, c'est-à-dire d'une res mancipi, a lieu entre citoyens romains. Faite à un pérégrin, elle lui transfère la propriété pleine et entière. Et ce n'est pas là seulement une circonstance indifférente dans l'hypothèse du jurisconsulte, car nous trouvons une confirmation de la même idée dans le §. 47 in fine des *Fragmenta Vaticana*. D'ailleurs la logique suffit pour nous faire apercevoir qu'il ne saurait être question d'*in bonis* qu'autant que quelqu'un a retenu le *nudum jus quiritium*. Or, comment le pérégrin pourrait-il être forcé de reconnaître le démembrement de la propriété quiritaire, lui qui est absolument étranger à cette propriété elle-même.

Avant d'en finir sur les effets et les applications de la tradition, il nous reste à parler de la tradition, appliquée aux servitudes. Mettant de côté les servitudes rurales, qui étant *res mancipi* n'étaient pas évidemment susceptibles de tradition, demandons-nous si une servitude pouvait être constituée par voie de tradition, ou déduite dans la tradition que l'on fait d'une chose que l'on aliéne? — A ces deux questions nous devons répondre négativement, si nous nous plaçons dans le domaine du droit civil. La raison en est que la tradition, qui est la remise de la possession, ne peut s'appliquer qu'à une chose qui soit elle-même susceptible de possession. Les servitudes, choses incorporelles, ne sont pas plus susceptibles de tradition qu'elles ne le sont d'une possession véritable. C'est ce qu'exprime Gaius, Com. II, § 28:*Incorporales res traditionem non recipere manifestum est.* Mais ici encore cette rigueur du droit civil a été éludée par l'intervention bienfaisante du droit prétorien. Vers le ıı° siècle de l'ère chrétienne, sous Trajan, le préteur admit que les servitudes seraient susceptibles d'une *quasi-possession*, et que dès lors on pourrait conférer à quelqu'un une servitude par *quasi-tradition*, la mise en possession consistant dans le fait que l'ayant-droit aura exercé la servitude avec la tolérance du propriétaire, *patientiâ domini*. Pour la même raison, la servitude a pu être déduite, dès cette époque, dans une tradition.

II. — Nous avons vu comment se transmettait la propriété des fonds italiques ; il nous reste à voir quels étaient les modes de transmission des fonds provinciaux. Sur ces fonds, stipendiaires ou tributaires, pas de propriété véritable, en dehors de la propriété du peuple romain ou de César. Les habitants n'en avaient qu'une possession et une jouissance de fait, une propriété de tolérance. D'ailleurs cet état de fait présentait à peu près pour eux tous les avantages d'un droit de propriété véritable, notamment la faculté de transmettre leurs biens entre-vifs ou de les laisser à leurs héritiers. Voyons donc quels étaient les modes de transmission applicables aux fonds provinciaux. Ce ne pouvait être ni la *mancipatio* ni l'*in jure cessio*, puisque ces fonds n'étaient pas susceptibles du *dominium ex jure quiritium*, mais seulement d'une possession, d'une jouissance de fait. Un seul mode pouvait donc servir à la transmission des fonds provinciaux, la tradition, qui, consistant dans la transmission de la possession, était seule capable de réaliser, autant que le comportait la condition du sol provincial, le but que les parties se proposaient. Ainsi celui qui recevait un fonds provincial par tradition en acquérait la possession, mais non la propriété, puisque cette propriété ne pouvait appartenir à un particulier. Cette possession était du reste protégée, presque à l'égal de la propriété elle-même, par le moyen des interdits, à l'origine, plus tard par une action réelle dont il est difficile de déterminer la nature, mais qui nous est suffisamment indiquée par le texte. En effet, Justinien, après avoir donné une action en revendication à celui qui a possédé un fonds provincial, ex justâ causâ et de bonne foi, pendant dix ou vingt ans, ajoute que cela était déjà admis dans l'ancien droit : « *hoc enim et veteres leges, si quis eas recte inspexerit, sanciebant.* » (L. 8. C.

liv. 7, tit. 39.) J'incline à croire que cette action, admise
dans l'ancien droit, n'était autre que l'action publicienne,
avec cette distinction que celui qui n'avait pas possédé
pendant dix ou vingt ans échouait dans son action, s'il
l'intentait contre le propriétaire, et qu'au contraire celui
qui avait possédé pendant dix ou vingt ans, s'il venait à
perdre la possession, triomphait par l'action publicienne
même à l'encontre du propriétaire.

Quant aux modes de constitution des servitudes sur
les fonds provinciaux, nous avons vu qu'indépendamment de la quasi-tradition, admise par le droit prétorien
aussi bien sur les fonds provinciaux que sur les fonds
italiques, les servitudes pouvaient encore s'établir par
pactes et par stipulations, mais qu'il n'y avait là, selon
nous, aucune dérogation à l'effet ordinaire des contrats,
qui est de faire naître des obligations et non de créer
des droits réels. Le résultat de ces pactes et stipulations était donc de faire naître un droit de créance ayant
pour objet l'exercice d'une servitude sur un fonds voisin
et non une servitude véritable.

TROISIÈME ÉPOQUE : DROIT DE JUSTINIEN.

Si l'on jette un coup d'œil sur l'histoire du droit civil
de Rome, il est difficile de ne pas être frappé de la
marche qu'il a suivi, aux différentes périodes que nous
avons distinguées. A l'origine, l'unité règne dans la plupart des théories de la législation ; c'est le résultat de
l'esprit exclusif, étroit et tyrannique du droit civil primitif. Puis cette unité disparaît, dans une seconde période,
pour faire place à une organisation savante et compli-
quée, due à l'intervention du droit prétorien, à l'autorité
des jurisconsultes, à l'immixtion toujours croissante du

droit des gens dans le droit civil. Enfin, le dernier état du droit nous montre le retour à l'unité, non pas telle que l'avait conçue et pratiquée le droit civil primitif, mais l'unité dans le sens de l'équité naturelle et du droit des gens. C'est ce que nous voyons se produire dans l'histoire de la procédure romaine. C'est aussi ce qui se produisit dans l'organisation de la propriété et dans sa transmission. A l'origine, nous avons vu une propriété unique reconnue par le droit civil, le *dominium ex jure quiritum*. Dans la seconde période, à côté de la propriété du droit quiritaire, vient se placer une propriété prétorienne, l'*habere in bonis*, qui s'inspire des principes du droit des gens, bien qu'elle ne se confonde pas absolument avec la propriété du droit des gens. Le sol lui-même est divisé ; sa condition et sa transmission sont assujetties à des règles diverses, selon qu'il s'agit de fonds italiques ou jouissant du jus italicum et de fonds provinciaux. Mais insensiblement ce qui reste du droit civil primitif perd tous les jours de son utilité et de sa signification. Bientôt le *nudum jus quiritium* n'est plus qu'un vain mot, et l'*in bonis* est devenu la forme ordinaire sous laquelle se présente la propriété. Ainsi s'efface en fait et dans les mœurs la distinction des deux domaines. Ainsi s'efface également la distinction des fonds en fonds italiques et fonds provinciaux, ces derniers étant en fait considérés comme susceptibles d'un véritable droit de propriété. En même temps que la mancipatio et l'in jure cessio deviennent de plus en plus rares, la tradition, mode de transmission du droit des gens, tend à prendre une place toujours plus grande dans la pratique et à devenir le mode ordinaire de transférer entre vifs la propriété.

Tel était l'état de choses auquel Justinien eut à donner

une consécration légale. Il n'y avait plus pour cela qu'à supprimer les anciennes distinctions et les vieilles formules qui restaient encore debout. L'esprit philosophique et surtout le désir de simplification ne s'arrêtèrent pas devant ces vestiges du droit romain primitif que les réformes prétoriennes et la science des jurisconsultes avaient respectés et qui paraissaient maintenant vides de sens. Justinien, dans la constitution unique, au Code, liv. VII, tit. 25, supprime le *nudum jus quiritium*, qui ne lui paraît être qu'un vain mot, sans utilité pratique, et propre seulement à épouvanter l'esprit des jeunes gens, dès le début de leurs études de droit. La propriété du droit civil disparaît. Il en est de même de la distinction des choses en *res mancipi* et *nec mancipi*. La distinction des fonds italiques et des fonds provinciaux disparaît également. La mancipation, mode d'aliénation des res mancipi, est abolie ; la cessio in jure, imitée du système des actions de la loi, disparaît, sans abrogation formelle. La tradition remplace ces modes solennels de transmission entre vifs. L'action publicienne, qui n'a plus de sens comme moyen de protéger l'in bonis, n'a désormais d'utilité que comme moyen de protection accordé à la possession avec juste titre et bonne foi. Au reste, en simplifiant la transmission de propriété et la dégageant des formes et des solennités dont l'ancien droit l'avait entourée, Justinien ne s'élève pas jusqu'à la notion philosophique de la transmission de la propriété par le seul accord des volontés, et il maintient l'ancienne maxime : *dominia rerum non nudis pactis transferuntur*. La tradition est donc toujours nécessaire pour opérer translation de propriété.

Nous avons étudié l'historique et les applications de la tradition, aux différentes époques du droit romain.

C'est maintenant le lieu d'étudier en détail sa nature, ses conditions, en un mot la théorie de la tradition telle qu'elle a été, à peu de chose près, à toutes les époques.

CHAPITRE II.

Théorie de la tradition.

La tradition est, nous l'avons vu, la *remise de la possession*. Or dans la possession, il y a deux éléments : 1° Le *corpus*, c'est-à-dire l'élément matériel, le fait d'avoir une chose à sa disposition ; 2° l'élément intellectuel, l'*animus domini*, la volonté de traiter comme sienne la chose que l'on détient. Pour qu'il y ait tradition, ces deux éléments constitutifs de la possession doivent évidemment passer du tradens à l'accipiens. Mais à ces conditions essentielles, il faut en ajouter une autre, si nous envisageons la tradition, non pas dans le sens vulgaire du mot, c'est-à-dire comme une remise, une livraison de la chose, mais comme un mode de transférer la propriété. La volonté d'aliéner doit évidemment s'y joindre, révélée par une *justa causa*. Enfin nous avons à peine besoin de dire que celui qui fait tradition doit en outre être propriétaire et capable d'aliéner. Telles sont, d'une manière générale, les conditions requises pour la transmission de la propriété par la tradition. Étudions maintenant en détail ces diverses conditions, et particulièrement

le *corpus* et l'*animus*, les deux éléments essentiels pour
la transmission de la possession.

§ Ier. — *Du Corpus*.

Il faut tout d'abord, avons-nous dit, que la chose soit
mise à la disposition de celui qui se propose d'acquérir.
C'est là une condition qui paraît suffisamment claire en
elle-même et dont il doit être, ce semble, facile de déterminer la portée. Néanmoins peu de points ont donné
lieu à plus d'hypothèses et d'interprétations erronées de
la part des commentateurs du droit romain. Le *corpus*
consistait-il seulement dans une appréhension physique
et matérielle de la chose, dans le contact immédiat de
l'objet avec celui qui se propose d'acquérir ? Ou bien
suffisait-il que la chose fut mise d'une manière générale
à la disposition de ce dernier ? Les anciens interprètes
du droit romain étaient unanimes à décider que le contact matériel avec la chose était nécessaire pour en
opérer tradition, qu'il fallait pour la tradition d'un
meuble le saisir avec la main, et, s'il s'agissait d'un
immeuble, y mettre les pieds. Cependant, comme en
dehors de ces cas il y en avait d'autres et en plus grand
nombre, où le contact matériel avec l'objet de la tradition
n'existait pas, et où il était impossible de nier la validité
de la tradition, nos anciens auteurs en étaient venus à
considérer ces cas comme des exceptions, et à les
expliquer par de prétendues fictions qu'ils s'étaient com-
plus à multiplier. De là une foule de catégories dans la
tradition. Indépendamment de la division en tradition
réelle et tradition *feinte*, cette dernière espèce de tradition se subdivisait en tradition *longœ manus*, tradition

brevis manus, tradition *symbolique*, tradition *feinte proprement dite* ou résultant de clauses apportées à certains
contrats. Cette théorie sur la tradition se trouve reproduite dans tous nos anciens commentateurs, et elle était
admise sans contestation par notre ancienne jurisprudence. Pothier l'expose longuement, dans ses traités
de la propriété et de la vente, et l'on en trouve des
traces dans le Code civil lui-même. Il suffit en effet de
lire l'article 1606, pour y trouver indiqués sous forme
d'antithèse la tradition réelle et la tradition feinte, qui
s'opère soit par la remise des clefs, soit par tout autre
mode. De nos jours enfin, le savant romaniste allemand,
M. de Savigny, a, dans son traité de la possession, démontré la fausseté de cette vieille théorie et prouvé
qu'il n'y a au fond de toutes ces prétendues fictions, sor-
ties de l'imagination des commentateurs, qu'une véritable tradition, une tradition ordinaire, avec tous ses
caractères constitutifs, ses éléments essentiels. En effet
la raison et les textes s'accordent à nous montrer qu'il
n'y a jamais eu qu'une seule espèce de tradition, et que
le *corpus* ne consiste pas seulement dans l'appréhension
matérielle de la chose, mais dans le fait de mettre cette
chose à la disposition de l'acquéreur. La raison : car il
serait bien étrange que les jurisconsultes romains aient
considéré comme étant l'exception et comme ne pouvant
s'expliquer qu'à l'aide d'une fiction, des hypothèses qui
sont assurément les plus nombreuses. Qui ne voit en
effet qu'en matière d'immeubles la tradition réelle est
à peu près impossible en pratique, et que, pour un
meuble même, l'appréhension corporelle sera dans la
plupart des cas très-difficile ? Les textes sont encore plus
concluants pour faire repousser la doctrine des commentateurs. Nulle part, nous ne trouvons la moindre

trace des fictions qu'ils nous indiquent et les expressions
dont ils se servent pour les désigner n'ont pas plus de
réalité que les fictions qu'elles représentent. Au contraire, les textes sont aussi formels que possible, pour
nous montrer l'acquisition *corpore*, résultant de ce fait
que la chose a été mise à la disposition de l'accipiens.
Le principe est très-nettement posé par Paul : *Non est
corpore et actu necesse apprehendere possessionem sed
oculis et affectu.* (L. 1, § 21, Dig. De adq. poss.). Le
même jurisconsulte s'exprime ainsi dans un autre texte :
quand nous disons que l'acquisition de la possession
s'opère *corpore*, il ne faut pas entendre cela en ce sens
que celui qui veut posséder un fonds de terre soit obligé
d'en parcourir toutes les parties, *omnes glebas circum-
ambulet ;* il suffit qu'il aille sur un point quelconque du
fonds, pourvu que ce soit avec l'intention de le posséder
tout entier. (L. 3, § 1ᵉʳ, Dig. De adq. vel amitt. poss.)
La même doctrine est exprimée pour les meubles, dans
la loi 18, § 2, du même titre au Digeste : Si un vendeur
a sur mon ordre déposé les marchandises vendues dans
ma maison, il est certain que j'en ai acquis la possession,
quoique je n'ai pas été en contact avec elles ; et le
texte ajoute : si le vendeur me montre d'un lieu élevé, *in
mea turre*, le fond voisin qu'il m'a vendu, et qu'il déclare m'en abandonner la libre disposition, *vacuam possessionem tradere dicat*, je commencerai à le posséder
au même titre que si j'étais entré sur le fonds lui-même.
Il résulte de tous ces textes que l'on acquiert la possession d'une chose *corpore* par cela seul qu'on a la possibilité d'en disposer librement. Au reste, nous devons
examiner ici quelques hypothèses de tradition, dans
lesquelles les commentateurs avaient particulièrement
vu des exemples de traditions feintes. Ces applications

achèveront de nous convaincre qu'il n'y avait aucunement besoin de fictions pour expliquer les solutions des jurisconsultes.

Tradition longœ manus. — Une première espèce de tradition feinte, d'après nos anciens auteurs, était celle que l'on nommait tradition *longœ manus*. L'expression se trouve employée au Digeste, dans un texte de Javolénus, la loi 79 de Solution. Voici dans quelle hypothèse : vous me devez de l'argent ou toute autre chose mobilière ; si, sur mon ordre, vous déposez la chose due en ma présence, j'en acquerrai immédiatement la propriété : *quodammodo manu longa tradita œstimanda est*. Les commentateurs en ont conclu qu'il y avait là une tradition feinte et non une tradition véritable, et ils l'ont appelée *tradition de longue main*. C'est dans cette espèce de tradition qu'ils ont fait rentrer l'hypothèse de la loi 18, § 2 Dig. De acq. vel amitt. poss., que nous avons déjà citée : Lorsque je veux acquérir un fonds, il suffit que nous nous rendions sur un lieu d'où le fonds peut être aperçu ; le propriétaire abdiquant toute volonté d'avoir le fonds à sa disposition, j'en acquiers à l'instant même, *oculis et affectu*, la possession et la propriété. Enfin, c'est en se plaçant au même point de vue que Pothier nous dit, dans son traité de la vente, que dans les choses de grand poids la permission que le vendeur donne à l'acheteur de les emporter tient lieu de tradition. Pothier, voulant voir ici une tradition spéciale, lui attribue une utilité particulière, celle de transférer la possession et la propriété des choses de grand poids et difficiles à déplacer. Mais sa doctrine est même en défaut sur ce point ; car cette tradition, dite de longue main, s'applique aussi, comme nous l'avons vu dans le texte de Javolénus, à la tradition d'une chose mobilière, essentiellement facile à déplacer, d'une somme d'argent. Pour rendre compte de toutes ces solutions, il n'est pas nécessaire d'inventer des fictions sur lesquelles les jurisconsultes romains sont complétement muets ; elles s'expliquent toutes suffisamment par cette idée que la chose, objet de la tradition, a été mise à la disposition de celui qui voulait l'acquérir.

Tradition brevis manus. — Une seconde espèce de tradition feinte, toujours d'après les commentateurs, est la tradition dite *brevis manus*, ou tradition de brève main. Pothier nous en donne un exemple, emprunté du reste à Gaïus et aux Institutes. Quelquefois, disent ces textes, la volonté pure et simple du propriétaire suffit, même sans tradition, pour opérer translation de propriété. C'est ce qui a lieu, lorsque je vous vends une chose que vous aviez par devers vous à titre de commodat, de louage, de dépôt. Quoique je ne vous l'ai pas livrée, par ce seul fait que je consens à ce que vous la gardiez à titre de vente je vous en rends propriétaire. Pothier et les commentateurs voient là une tradition feinte. Prenant à la lettre les expressions *sine traditione*, qui se trouvent dans Gaïus et dans les Institutes de Justinien, ils en concluent qu'il n'y a pas eu de tradition véritable mais seulement la fiction d'une tradition, qui n'a pas eu lieu et qu'on répute accomplie. La chose est censée, selon eux, avoir été rendue par le locataire ou le dépositaire à son propriétaire qui lui en a ensuite fait tradition. Pour nous, il n'est pas besoin d'inventer une fiction. Les mots *sine traditione* des Institutes s'expliquent, si l'on prend le mot dans le sens vulgaire de livraison ou remise de la chose. Ici il n'y a pas de tradition, en ce sens qu'il n'y a pas de changement apparent dans l'état des choses. Mais, au fond, n'y a-t-il pas une véritable tradition ? Le locateur possède, par l'intermédiaire du locataire, qui est *in possessione* ; le premier a l'*animus*, le second a le *corpus*. Que manque-t-il donc pour l'acquisition de la propriété ? que l'*animus* soit joint au *corpus*. La volonté du propriétaire, du locateur, d'avoir la chose comme sienne, passant au locataire, la possession et la propriété sont acquises à ce dernier. C'est là le jeu naturel des principes, et il n'y a dans notre espèce aucune dérogation au droit commun.

On a fait également rentrer dans la tradition de brève main des hypothèses qui me paraissent pourtant sortir des limites de la question que nous étudions en ce moment. Tel est, par exemple, le cas de la loi 3 § 12, Dig. De Don. inter vir. et uxor. Créancier de Titius, pour une certaine chose, je veux en faire donation à un tiers. Faudra-t-il pour cela que mon débiteur me fasse tradition de la chose, pour que je la livre moi–même à celui que je veux gratifier ? Évidemment non. Il suffira en fait d'une seule tradition. Toutes les volontés concourant, celle du débiteur qui veut se libérer et rendre son créancier propriétaire de la chose, celle du créancier qui veut devenir propriétaire, de la chose pour la donner, celle du tiers qui entend la recevoir de lui, le débiteur, sur l'ordre du créancier, transférera directement la propriété de la chose au donataire et se trouvera du même coup libéré de sa dette. Il y a là simplement une tradition unique qui en renferme deux. On conçoit en effet que dans un intérêt de célérité, pour la rapidité des affaires, on simplifie une opération qui exigerait sans cela, pour atteindre son but, des détours inutiles. *Celeritate conjungendarum inter se actionum unam actionem occultari*, telle est l'explication que nous donne le texte. C'est également ainsi que s'expliquent la loi 15 de Rebus creditis et la loi 34 Mandati. Il en est de même de la loi 43 § 1er, De jure dotium, sur laquelle nous dirons quelques mots, à cause des difficultés qu'elle présente. Primus créancier de Secundus, futur mari, voulant constituer une dot à la future épouse, a fait *acceptilatio* à son débiteur. Si le mariage a lieu, pas de difficultés : la chose due sera dotale et la femme pourra la reprendre à la dissolution du mariage par l'action *rei uxoriæ*. Si au contraire le mariage n'a pas lieu, le débiteur ne sera pas libéré, *à moins que le créancier n'ait voulu, dans tous les cas, faire une libéralité à la femme.* S'il en est ainsi, le débiteur Secundus sera libéré ; mais la femme aura contre lui une *condictio sine causa*, comme si elle avait reçu *brevi manu*, dit le texte, puis donné à son mari. Ainsi, pour expliquer cette solution, il faut supposer trois traditions : 1° du débiteur au créancier ; 2° du créancier à la femme ; 3° de la femme au mari. — Il est facile de voir que ces diverses hypothèses ne rentrent pas dans notre théorie, et qu'elles sont étrangères à la question de savoir si le contact matériel avec la chose est nécessaire pour opérer tradition. S'il a été nécessaire d'introduire des fictions ici, ce n'est pas que l'appréhension corporelle de la chose soit requise dans la tradition, c'est uniquement afin de simplifier les rapports des parties et d'éviter un circuit de traditions, dans un but de célérité.

Disons, avant de terminer sur ces hypothèses où une tradition unique en renferme plusieurs, que toutes ces traditions, même supposées, doivent être légitimes et n'être pas réprouvées par le droit, sinon l'opération ne remplirait qu'incomplétement le but que les parties se sont proposé et seulement dans la limite de ce qui est licite. Ainsi, dans le cas où un créancier, voulant faire une donation à un tiers, donne ordre à son débiteur de faire tradition entre les mains de ce tiers, si le donataire est une personne incapable de recevoir à titre gratuit du donateur, par exemple, son conjoint, le débiteur est bien libéré, mais la deuxième tradition étant nulle, le créancier est devenu propriétaire et le donataire n'a rien acquis. A l'inverse, supposons que la première tradition fut nulle, par exemple, parce que le débiteur n'était qu'un débiteur apparent, celui-ci aura la condictio indebiti, mais contre qui devra-t-il l'intenter ? Contre le créancier et non contre le tiers donataire, car c'est la première trnsmission de propriété qui est sans cause.

Tradition symbolique. — Les interprêtes du droit Romain ont également vu une tradition feinte dans certaines hypothèses, où la tradition ne s'opérait pas par la livraison de la chose, mais par la remise d'un objet qu'ils considéraient comme un symbole, une représentation de la chose, d'où le nom de *tradition symbolique* donné à cette nouvelle espèce de tradition. Le principal texte sur lequel on s'appuie pour l'admettre est un texte de Papinien, la loi 74, au Dig. De Contrah. Empt., duquel il résulte que la tradition des marchandises contenues dans un magasin, peut s'opérer très-valablement par la remise des clefs. Les interprêtes ont vu là une tradition symbolique, comme si les Romains avaient considéré les clefs comme un symbole des marchandises. Or les textes ne portent aucune trace de cette fiction. Bien plus, la loi de Papinien contient quelques mots, qu'il est impossible d'expliquer d'une manière satisfaisante dans le système des commentateurs. Le jurisconsulte dit en effet que la remise des clefs doit se faire *apud horrea, in re præsenti.* Or si la clef du magasin est un symbole des marchandises qui y sont contenues, qu'importe le lieu où la remise s'est faite ? Les clefs seront la représentation des marchandises et leur livraison consommera la tradition, aussi bien dans le voisinage des magasins qu'en tout autre lieu. Le vice de cette doctrine n'a pas échappé au bon sens et à la logique judicieuse de Pothier, qui se pose la même question dans son traité de la vente, et qui la tranche en supprimant comme inutile la restriction indiquée par le jurisconsulte romain. Pour nous , qui considérons que toute tradition résulte de ce fait, que la chose a été mise à la disposition de celui qui veut acquérir, jointe à l'intention de lui en transférer la propriété, la décision de Papinien ne nous embarrasse point. Dans l'espèce en effet, la chose ne sera vraiment mise à la disposition de l'acceptant qu'autant que les clefs lui auront été remises à proximité du magasin, et non dans un lieu éloigné, sinon, il ne serait pas véritablement maître d'en disposer. Notons cependant que le Code civil dans l'article 1606, reproduit d'une façon assez maladroite la doctrine de Pothier : « La délivrance des effets mobiliers, dit cet article, s'opère par la remise des clefs des bâtiments qui les contiennent. » Disposition qui n'a aucune espèce de valeur, si l'on songe qu'aujourd'hui, chez nous, à la différence du droit romain et de l'ancien droit français, la propriété se trouve transférée au moment même du contrat et non par l'effet de la tradition, et que, d'autre part, quant à l'obligation de délivrance résultant de la vente, le plus souvent elle ne sera pas pleinement accomplie, par la remise des clefs.

On a cru trouver un autre exemple de tradition symbolique dans la loi 1 De Donat. au Code. On suppose que quelqu'un ayant acheté des esclaves et ayant entre les mains les titres de propriété, les actes d'acquisition, les a remis à un tiers, voulant lui faire donation des esclaves.

La donation et la tradition des esclaves eux-mèmes se trouve ainsi consommée. On a expliqué cette solution, en disant que les titres de propriété étaient un symbole des esclaves eux-mêmes, comme la clef du magasin était le symbole des marchandises qui s'y trouvaient renfermées. Nous ne trouvons là qu'une application de notre principe général et non une dérogation. La remise des titres, ayant sans doute lieu en présence des esclaves, met en quelque sorte les esclaves à la disposition du donataire, qui veut lés acquérir. On décide en conséquence qu'il pourra les revendiquer.

Tradition feinte proprement dite. — Signalons enfin une dernière espèce de tradition feinte : c'est ce que l'on appelle le *Constitut possessoire.* Je suis propriétaire et possesseur d'une chose. Je conviens avec vous de vous en transférer la propriété et la possession, mais de conserver par devers moi la détention de la chose à titre de locataire ou de commodataire, etc. Est-il nécessaire pour cela qu'il y ait un changement apparent dans l'état des choses ? Non. Le vendeur ou le donateur gardera la chose aliénée à un autre titre que celui auquel il la tenait auparavant. C'est la solution indiquée dans la loi 77. Dig. De rei Vind. « Une femme a donné par lettre un fonds à une autre personne qu'à son mari, et a pris de lui ce même fonds à ferme. On peut soutenir qu'une action in rem compéte au donataire, comme s'il avait acquis la possession par la donatrice, devenue sa fermière. » Les partisans du système des traditions feintes n'ont pas manqué de voir là une nouvelle fiction. La possession était censée, d'après eux, avoir passé de la donatrice au donataire, qui lui avait ensuite remis la chose, pour qu'elle la détint à titre de fermière. Fiction inutile : car la décision s'explique d'elle-même, si on songe aux deux éléments dont se compose la possession.

Le donataire a ici la chose à sa libre disposition, puis que la donatrice détient pour son compte. Quant à l'intention d'avoir la chose en propriété, elle a dù passer du tradens à l'accipiens. Nous avons donc tous les éléments de la tradition, et par suite de la transmission de propriété. C'est en quelque sorte l'inverse de la tradition *brevis manus :* dans ce dernier cas, c'est le détenteur qui devient propriétaire ; ici c'est le propriétaire qui devient détenteur.

Nous avons ainsi achevé de déterminer la nature de l'élément matériel dans la tradition. Il nous reste à étudier le second élément, l'élément intellectuel, *l'animus*, qui, joint au fait de l'appréhension, concourt à former la possession.

§ II. — *De l'animus, de la justa causa et du concours des volontés dans la tradition.*

. *L'animus* est la volonté de traiter comme sienne la chose que l'on détient. Lorsque l'intention des parties est de transférer simplement la possession, on la désigne généralement sous le nom *d'animus possidendi*. Lorsqu'elles se proposent de transférer la propriété *l'animus* prend plus spécialement le nom *d'animus domini*. C'est cette dernière volonté qui doit se trouver chez l'accipiens, pour que la tradition lui fasse acquérir la propriété.

Mais la tradition est une opération complexe, qui exige le concours de deux volontés. A l'animus domini, à l'intention d'acquérir de la part de *l'accipiens*, doit correspondre chez le *tradens* la volonté d'aliéner. Or cette volonté d'aliéner doit être certaine ; elle doit résulter d'une manière évidente des circonstances dans lesquelles la tradition s'est produite. Il faut, en d'autres termes, à la tradition une *justa causa*, c'est-à-dire un fait révélant chez le *tradens* la volonté de transférer la propriété, sinon la tradition manquerait son effet, comme étant dépourvue d'un de ses éléments essentiels.

Est-ce à dire pour cela que la tradition suppose toujours une cause réelle et licite ? Pas le moins du monde et il importe de ne pas se méprendre sur le sens de ces mots, *ex justa causa*, que nous trouvons dans tous les textes relatifs à la tradition. Le fait qui sert de base à la tradition et qui révèle chez le tradens l'intention d'aliéner peut n'exister qu'en apparence : ainsi je me crois tenu d'une dette envers vous, alors qu'en réalité il n'y a entre nous aucun lien d'obligation. Le paiement qui intervient aura-t-il pour effet de transférer la propriété ? Sans aucun doute et si je reconnais plus tard l'inexistence de la dette, ce n'est pas par la revendication que je devrai agir, mais par la *condictio indebiti*, afin de me faire retransférer la propriété de ce que j'ai payé sans cause. Plusieurs textes, notamment les lois 2, § 1 et 54, *de Cond. Indeb. au Dig.*, font l'application de cette idée au cas d'un héritier qui a exécuté un legs inexistant, par exemple parce que le testament qui le contenait était faux ou inofficieux ou révoqué. La volonté de transférer la propriété de la part du tradens étant certaine, celle de l'accipiens étant bien aussi d'acquérir la propriété du legs, l'objet du legs passera du tradens à l'accipiens, sauf la *condictio indebiti* qui pourra être intentée par l'héritier contre le prétendu légataire. Il en serait de même si l'acte juridique en exécution duquel la tradition a eu lieu était un acte illicite, comme par exemple une donation faite sous la promesse de la part de l'autre partie de faire quelque chose d'immoral ou d'illicite ou de s'en abstenir. La tradition produirait son effet ordinaire qui est de transférer la propriété, mais il pourrait y avoir lieu ensuite à une *condictio ob turpem causam* pour répéter la chose ainsi aliénée, s'il n'y avait *turpis causa* que du côté de l'accipiens. C'est ce qui résulte des lois 2 et 3 *De Cond. ob turp. caus. Dig.* Toutefois il faut que la *justa causa* considérée en elle-même ne soit pas un acte juridique réprouvé par le droit civil et incapable de produire aucun effet: telle serait, par exemple, la donation entre époux. La tradition survenue en exécution d'une pareille donation n'aurait pas pour effet de transférer la propriété. (Ulp. l. III, § 10. Dig. De don. int. vir. et uxor.)

Ainsi il faut une juste cause à la tradition, c'est-à-dire un fait qui ne puisse se concevoir de la part du tradens qu'avec l'intention de transférer la propriété à l'accipiens. *Numquam nuda traditio transfert dominium; sed ita, si venditio aut aliqua justa causa præcesserit, propter quam traditio sequeretur.* (L. 31, pr. Dig. De acq. rer. dom.) Si donc nous supposons qu'une tradition a été faite à la suite d'un contrat de commodat, de dépôt, de louage, etc., la propriété ne se trouvera pas transférée. La possession pourra l'être, comme dans le contrat de gage ou dans le précaire. Le plus souvent la tradition n'aura pour effet que de transférer la détention de la chose du tradens à l'accipiens, comme dans le commodat, le dépôt ou le louage. Dans tous les cas, la *justa causa* fait défaut : la volonté de transférer la propriété de la part du tradens ne résultant pas des événements qui donnent lieu à la tradition, la tradition est dé—

pourvue d'un de ses éléments essentiels pour la transmission de la propriété, qui ne pourra dès lors se produire. Si au contraire la tradition a lieu en vertu d'un acte impliquant nécessairement chez le tradens l'intention d'aliéner, par exemple à. titre de vente, d'échange, de donation, de dot, la propriété se trouvera transférée. C'est ici le lieu d'examiner en détail quelques-unes des *justœ causœ*, qui peuvent amener comme conséquence une tradition et motiver la transmission de propriété.

Au premier rang, se place la vente, tant à raison de l'importance de ce contrat qu'à raison des singularités qu'il nous présente, au point de vue de la transmission de la propriété. La vente est incontestablement le fait le plus propre à révéler chez le tradens l'intention qu'il a d'aliéner ; on pourrait donc croire que la tradition survenue en exécution d'un contrat de vente suffit toujours pour transférer à l'instant même la propriété. Il n'en est pas cependant ainsi, et c'est ce qui résulte de plusieurs textes, notamment du § 41, liv. ii, tit 1ᵉʳ, aux Institutes, que nous allons traduire et analyser, à cause de son importance : « Les choses vendues et livrées, dit ce texte, ne deviennent la propriété de l'acheteur que s'il a payé le prix au vendeur ou s'il l'a satisfait de quelque autre manière, par exemple en lui donnant un expromissor ou un gage. Ce principe était consacré déjà par la loi des Douze Tables ; on dit cependant et avec raison qu'il dérive du droit des gens, c'est-à-dire du droit naturel. Mais si celui qui a vendu a suivi la foi de l'acheteur, il faut dire qu'à l'instant même la propriété de la chose a passé à ce dernier. » La vente étant seulement conclue, on conçoit que la propriété ne soit pas transférée ; les contrats n'ont, en droit romain, d'autre effet que de faire naître des obligations et non de créer des droits réels.

Mais la tradition une fois opérée, il semble que l'aliénation soit consommée et que l'acheteur soit devenu propriétaire. Et cependant le texte nous montre que la tradition ne suffit pas encore et que le déplacement de la propriété ne s'opérera que quand le prix aura été payé. Il y a là une interprétation de volonté.

La propriété peut très-bien n'être transférée que postérieurement à la tradition, et le vendeur notamment eût très-bien pu exprimer dans le contrat qu'il entendait retarder la transmission de propriété, jusqu'après le paiement du prix. Cette volonté du vendeur, la loi la présume et sa présomption est suffisamment justifiée par la considération du danger que courrait le vendeur en cas d'insolvabilité de l'acheteur, s'il perdait la propriété avant que le prix n'eût été payé ; car d'une part il n'aurait eu que le droit de se présenter comme créancier pur et simple du prix sans aucun privilége, et d'autre part la revendication de la chose lui serait fermée. Ces mêmes motifs, qui ont déterminé le législateur à retarder la translation de propriété jusqu'au paiement du prix, l'ont conduit à décider que la présomption tomberait devant la manifestation d'une volonté contraire de la part du vendeur, manifestation de volonté qui peut être expresse ou tacite. Il est possible d'abord que l'acheteur ait fourni au vendeur une satisfaction équivalente au paiement du prix : ainsi le vendeur a pu se contenter de recevoir un gage, c'est-à-dire une sûreté reelle pour le paiement du prix ou bien accepter un *expromissor*, c'est-à-dire un tiers qui s'oblige à la payer, au lieu et place de l'acheteur primif, ou encore un *adpromissor*, un fidéjusseur, c'est-à-dire un tiers qui s'oblige à côté de l'acheteur et garantisse que ce dernier paiera le prix. Dans tous les cas, on peut présumer que le vendeur a été satisfait comme s'il avait reçu le prix et qu'il a entendu transférer immédiatement la propriété à l'acheteur. Il est même possible que la présomption tombe devant la preuve plus évidente encore d'une volonté contraire : ce qui aura lieu si le vendeur *a suivi la foi* de l'acheteur, c'est-à-dire s'il a consenti à n'être que créancier, sans exiger aucune sûreté, sans avoir reçu ni paiement ni satisfaction quelconque, par exemple, s'il lui a accordé un terme pour le paiement du prix. La volonté du vendeur est bien alors que la propriété soit immédiatement transférée à l'acheteur. C'est ce que suppose un rescrit d'Alexandre qui forme la loi 3 au Code liv. 4, tit. 54 : Une personne a vendu un immeuble à cette condition que, si le restant du prix n'était pas payé dans un certain délai, l'immeuble lui ferait retour. Si elle a fait tradition de la chose, elle n'a plus la revendication, mais l'action *venditi*. Il résulte bien de ce texte que la vente ayant été faite à terme et la tradition ayant eu lieu, la propriété est transférée dès à présent. Dans ce dernier cas, à qui appartient-il de faire la preuve ? C'est à celui qui invoque l'exception à faire la preuve, c'est donc à l'acheteur à prouver que le vendeur a suivi sa foi et que contrairement à la présomption admise par la loi, il a voulu le rendre propriétaire au moment même de la tradition.

L'acheteur, à qui la chose est livrée sans qu'il ait payé le prix, ni satisfait autrement son vendeur, n'acquiert-il pas du moins la possession et est-il simplement *in possessione* ? La question n'est pas résolue par les textes, mais je crois qu'il a une véritable possession protégée par les interdits. En effet il a l'*animus domini*, à raison même de sa qualité d'acheteur, et s'il n'acquiert pas directement la propriété, c'est que la volonté expresse ou présumée du tradens s'y oppose. Donc, à moins qu'il ne soit prouvé que la chose lui a été livrée à titre de louage, de dépôt, ou tout autre titre précaire, il est présumé avoir acquis la possession.

Nous avons vu quelles étaient les raisons de la règle qui ne permettait pas à l'acheteur d'acquérir la propriété, par cela seul que la tradition en avait été faite. Le texte des Institutes cité plus haut nous donne cette règle comme venant de la loi des Douze Tables, ajoutant du reste que c'est aussi une règle du droit des gens et du droit naturel. C'est une preuve de plus que la loi des Douze Tables contrairement à l'opinion qui a été émise s'occupait de la tradition. On a prétendu, il est vrai, que la loi des Douze Tables n'avait dû établir notre règle qu'à propos de la mancipation, de telle sorte que celui qui aurait reçu mancipation d'une chose n'en aurait acquis la propriété qu'au moment du paiement, et que Justinien avait sans doute transporté cette disposition de la mancipation qui n'existait plus à la vente suivie de tradition, qui était le seul mode de transférer entre vifs la propriété. C'est là une conjecture que rien ne justifie, ni les textes, ni le raisonnement. Si nous examinons le texte des Institutes, nous voyons que Justinien met sur la même ligne le paiement du prix et la satisfaction donnée au vendeur par la remise d'un gage ou par l'obligation d'un expromissor, et qu'il nous présente cette règle tout entière comme consacrée déjà par la loi des Douze Tables. Il est bien évident que si la loi des Douze Tables s'en était occupée à propos de la mancipation, elle n'eût pu parler ni de gage ni d'expromissor, puisque la mancipation ne fait pas naître une obligation et que le gage et l'expromissio en supposent une.

En résumé, la règle que la tradition, survenue en

exécution d'un contrat de vente, ne transfère la propriété qu'autant que le prix a été payé, cette règle ne doit pas être considérée comme une dérogation au principe de la transmission de propriété par la tradition, mais, au contraire, comme une application de ce principe. La tradition n'opère, en effet, translation de propriété que si le tradens a la volonté de la transférer, et cette volonté est présumée n'exister dans la vente qu'à partir du moment où le prix a été payé.

Avant de terminer sur ce point, il est utile de rapprocher de notre règle le système de l'article 1583 du Code Civil et de signaler le contraste frappant qu'il offre avec la théorie romaine. « La vente est parfaite entre les parties, dit cet article, et la propriété est acquise de droit à l'acheteur à l'égard du vendeur, dès qu'on est convenu de la chose et du prix, quoique la chose n'ait pas encore été livrée ni le prix payé. » Le Code Civil a introduit un principe nouveau en matière de contrats, celui de la transmission directe par l'effet des conventions. L'article 1583 n'est qu'une application de l'article 1138. Au moment même où la vente est conclue, l'acheteur devient propriétaire, le vendeur a cessé de l'être, sans qu'il soit besoin, nous dit l'article, que la chose ait été livrée et que le prix ait été payé. Dans deux cas seulement, la propriété ne sera pas transférée : lorsque la vente a pour objet une chose qui n'est pas déterminée dans son individualité, et, en second lieu, lorsque les parties auront renvoyé elles-mêmes à une époque ultérieure le transport de la propriété. La présomption est donc renversée et le vendeur est considéré comme ayant voulu transférer la propriété, non pas au moment du paiement, ni même au moment de la tradition, mais dès le moment où la vente a été conclue.

— D'ailleurs, si la loi a hâté la transmission de la propriété, elle n'a pas laissé le vendeur exposé sans défense à l'insolvabilité ou à la mauvaise foi de l'acheteur. Et sur ce point, nous trouvons dans notre droit, une distinction analogue à celle du droit romain, entre le cas d'une vente pure et simple et celui d'une vente faite à terme. En cas de vente pure et simple, le vendeur a, à l'exemple du droit romain, et comme garantie conservatoire, le droit de rétention, c'est-à-dire le droit de retenir la chose jusqu'au paiement, *jure pignoris ;* mais, de plus, il a, comme garanties d'exécution, le droit de résolution pour non—paiement du prix et un privilége qu'il peut exercer sur le prix provenant de la vente, si la voie de la saisie lui parait préférable à celle de la résolution du contrat. En cas de vente faite sans terme, le vendeur n'a pas son droit de rétention, mais seulement les deux garanties d'exécution, la résolution et l'exercice du privilége. Dans tous les cas, au contraire, le vendeur, en droit romain, n'a le droit de résolution pour défaut de paiement du prix, que s'il l'a stipulé par une clause expresse, une *lex commissoria*, et, quant au privilége, il ne pouvait en être question, puisque le privilége suppose un créancier et que le vendeur demeurait propriétaire tant que le prix n'était pas payé. Ajoutons enfin que le législateur français, en simplifiant la transmission de propriété entre les parties, n'a pas seulement donné des garanties au vendeur, mais qu'il a aussi sauvegardé l'intérêt des tiers dans la loi de brumaire, et, depuis la loi de 1855, par la formalité de la transcription qui rend la transmission opposable aux tiers, en la portant à la connaissance de tous par la publicité.

La vente est un contrat consensuel. Il n'en est pas de même de l'*échange* qui peut, comme la vente, donner

lieu à une tradition et à une transmission de propriété.
Ici la *justa causa*, en vertu de laquelle se produit la tradition, n'est pas, dans tous les cas, comme dans la vente,
un contrat reconnu par le droit civil, produisant des
obligations civiles et sanctionné par une action. La tradition faite par une des parties a ici pour juste cause un
nudum pactum, un simple pacte, dépourvu d'action. En
effet, jusqu'à ce que la propriété ait été transférée par
l'une des parties, il n'y a pas échange ; il n'y a pas
obligation pour l'autre partie de livrer la chose conve-
nue. Notons aussi qu'à la différence de la vente où la
transmission de propriété est suspendue jusqu'au paiement du prix, la transmission de propriété par suite d'un
échange n'est pas retardée jusqu'au moment où l'obligation de l'autre partie aura été exécutée. Il n'y avait
pas, en effet, le même danger pour le coéchangiste que
pour le vendeur. Le vendeur en livrant la chose sans se
faire payer a eu pour but d'éteindre son obligation de
vendeur ; s'il n'est pas payé, il n'en a pas moins atteint
son but ; il ne peut donc pas intenter la *condictio causa
data causa non secuta* ; en l'absence d'une *lex commissoria* le droit de résolution lui est fermé. Au contraire,
le coéchangiste est mieux traité ; il n'a livré la chose que
pour obtenir quelque chose en retour ; ce résultat n'é-
tant pas atteint, il a le choix entre poursuivre l'exécution
du pacte pour l'action *præscriptis verbis* ou se faire
restituer la chose qu'il a livrée par une condictio *causa.
data causa non secuta*. Il n'y avait donc aucune nécessité de suspendre pour lui la transmission de propriété
jusqu'à l'exécution de l'obligation correspondante,
comme cela a lieu pour le vendeur.

Le § 40 des Institutes signale également la *donation*
comme une *justa causa* pouvant servir de fondement à

une tradition. Justinien s'exprime plus exactement ici que dans le principium du titre *de Donationibus*, où il nous présente la donation comme étant une manière d'acquérir, *genus adquisitionis*. On conçoit en effet difficilement que la donation soit une manière d'acquérir, puisque la volonté de donner jointe à l'intention de recevoir ne suffit pas pour opérer le transport de la propriété, mais qu'il faut en outre employer les modes ordinaires de transmission de la propriété, la tradition par exemple. Justinien a confondu ici la juste cause d'acquisition, et, ce qui est bien différent, le mode d'acquisition lui-même. Cette inexactitude de langage s'explique du reste par cette idée qui a dû frapper surtout le législateur du Bas-Empire, à savoir que pour transférer la propriété *ex causa donationis*, il ne suffit pas toujours des modes ordinaires de translation. C'est ainsi que la tradition par exemple ne suffit pas toujours pour consommer une aliénation à titre gratuit, et qu'elle doit être entourée de formes spéciales. Il est vrai que, pendant longtemps, la donation n'exigea pour être exécutée que l'accomplissement des formes ordinaires, mancipatio, in jure cessio, tradition. Mais, sous le Bas-Empire, on sentit la nécessité d'entourer de garanties plus grandes, dans l'intérêt des parties elles-mêmes, la transmission de la propriété à titre de libéralité. Dès ce moment la donation commença à prendre ce caractère spécial qui la distingue encore de nos jours des autres causes d'acquisition. Constance Chlore introduisit la formalité de l'insinuation. Dès lors, pour ne nous occuper que des donations qui consistent dans une *datio*, quand les parties sont tombées d'accord sur la donation, il ne suffit plus pour que la convention soit parfaite que la tradition ait eu lieu, il faut en outre que la donation soit insinuée *actis intervenientibus*, c'est-à-dire mentionnée sur des registres spéciaux tenus par le juge. L'absence de cette formalité empêche la transla- tion de propriété de se produire et met de plus obstacle à la formation du contrat, pour tout ce qui excède la somme au dessus de laquelle la donation doit être insi- nuée. Si nous supposons donc la tradition *ex causa dona- tionis* d'une chose supérieure en valeur à celles qui sont dispensées de l'insinuation, la propriété ne sera pas transférée pour le surplus, mais le donataire se trouvera dans l'indivision avec le donateur. Ce ne fut pas là la seule formalité exigée pour la transmission de propriété ex causa donationis, Constantin exigea en outre la rédac- tion d'un acte écrit et la présence de plusieurs témoins. Mais ces formalités furent abandonnées par Théodose et par Zénon, pourvu que la donation fût constatée par d'autres documents. Enfin Justinien ne conserva de tout cela que l'insinuation; encore ne l'exigea-t-il que pour les donations excédant 500 solides et certaines donations telles que la donation à cause de mort et la donation *dotis constituendæ causa*, furent même absolument dis- pensées de l'insinuation.

Nous avons examiné quelques-unes des *justæ causæ* qui peuvent servir de base à une tradition. Toutes doivent révéler chez le tradens et l'accipiens l'*animus dominii transferendi et acquirendi*. Il est possible que l'erreur des parties vienne anéantir cet animus et par là exclure la translation de propriété. Mais il est possible aussi que l'erreur soit de telle nature qu'elle laisse subsister l'ac- cord de volontés en vue de transférer et d'acquérir la propriété. Et d'abord il se peut que bien qu'étant d'ac- cord sur l'identité de la chose, objet de la tradition, et sur la transmission de propriété qu'il s'agit d'opérer, nous n'ayons pas en vue la même juste cause, la même

affaire devant donner lieu à une tradition. Faudra-t-il
pour que la propriété soit transférée que les parties aient
en vue la même juste cause ? ou suffira-t-il qu'elles
veuillent l'une et l'autre opérer une transmission de
propriété, fût-ce pour des causes différentes ? Sur ce
point, nous trouvons un désaccord entre le jurisconsulte
Julien et le jurisconsulte Ulpien. Julien suppose que les
parties ont en vue la même cause de tradition, le paiement, la tradition *solvendi causa,* mais sont en désaccord
sur l'origine de la dette, la cause de l'obligation qu'il
s'agit d'éteindre, l'une prétendant devoir en vertu d'un
testament, l'autre prétendant qu'il lui est dû en vertu
d'une stipulation — ou bien l'une des parties a voulu
faire une donation, l'autre entend recevoir un prêt, un
mutuum. C'est ce second exemple qui est reproduit par
Ulpien. (L. 18, pr. Dig., De reb. cred.) Les deux
jurisconsultes s'accordent à admettre qu'il n'y a ni
mutuum ni donation. Mais ils diffèrent sur le point de
savoir s'il y a transmission de propriété. « Il est cons-
tant, dit Julien, que la propriété est transférée et ce n'est
pas un obstacle que le dissentiment où nous avons été
sur la cause de la dation et de la réception. » — « J'es-
time, dit au contraire Ulpien, que les écus ne deviennent
pas la propriété de celui qui les reçoit, attendu qu'il les
a reçus dans une autre intention. » Julien est surtout
frappé de ce qu'il y a eu accord des volontés sur la transmission de propriété. Ulpien est déterminé au contraire
par cette considération, que les parties ne font pas une
translation de propriété pour elle-même, mais qu'en
transférant la propriété, elles ont en vue un negotium,
une affaire déterminée. Dès lors l'accord des volontés
doit porter non-seulement sur la volonté abstraite d'acquérir, mais sur la volonté d'acquérir en vue d'une cer-

taine affaire. Partant de ces deux points de vue opposés, les jurisconsultes arrivent cependant à des conséquences qui diffèrent peu, au point de vue pratique. Supposons que le tradens, ayant découvert l'erreur et voulant révoquer sa donation, entend se faire restituer l'argent qu'il a livré. Si l'argent existe encore entre les mains de l'acquéreur, le jurisconsulte Ulpien, admettant que la propriété n'a pas été transférée, donne au tradens l'action en revendication. Julien, au contraire, se prononçant pour la transmission de la propriété, lui donne seulement une action personnelle, la *condictio sine causa*, par laquelle il répètera ce qu'il a payé, sans craindre d'être repoussé par l'exception de dol ; car la donation, en l'absence du concours des volontés, n'existe pas ici. Si l'argent a été dépensé, il faut sous-distinguer. A-t-il été dépensé de manière à procurer un enrichissement à l'accipiens, par exemple, a-t-il servi à l'acquisition d'un immeuble, d'après Julien, comme d'après Ulpien, la condictio sine causa devra être intentée, la revendication ne s'appliquant qu'aux choses qui existent encore en nature. Au contraire l'argent a-t-il été dissipé, sans qu'il en reste rien dans le patrimoine, la condictio sera repoussée par l'exception de dol. La condictio ne peut en pareil cas triompher que s'il y a eu dol de la part de celui contre qui elle est intentée. Or il n'y a eu ici aucun dol de la part du donataire qui a cru très-légitimement pouvoir disposer de sa chose, comme peut le faire tout propriétaire. Il y aurait au contraire dol de la part du tradens à exiger la valeur d'une chose dont il n'a tiré aucun profit. Ainsi en résumé, d'après Ulpien, pas de changement dans l'état de la propriété ; d'après Julien, transmission de la propriété du tradens à l'accipiens. Quant à l'action, si la chose existe encore en nature, action en revendication, d'après Ulpien; d'après Julien, condictio sine causa. Si la chose a cessé d'exister en nature, mais que la valeur s'en retrouve encore dans le patrimoine de l'accipiens, condictio sine causa, de l'avis des deux jurisconsultes. Enfin si la valeur même a été dissipée, les deux jurisconsultes s'accordent encore à admettre que la condictio sera repoussée par l'exception de dol.

Si nous demandons maintenant laquelle de ces deux doctrines doit être préférée, je crois que celle de Julien est plus conforme aux principes. Du moment où l'on admet comme suffisante une juste cause imaginaire, qui n'a aucune existence réelle, peu nous importe que les parties aient en vue la même juste cause, c'est-à-dire le même fait révélant l'intention de transférer la propriété ou deux faits différents. Ajoutons que ce système a sur le système d'Ulpien un avantage, celui de présenter moins de danger pour les tiers qui pourront traiter en toute sécurite avec l'accipiens, si celui-ci est devenu propriétaire, tandis que, dans l'opinion contraire, ils pourront être trompés par l'apparence de droit que donne à l'accipiens le fait d'avoir la chose entre ses mains.

Changeons maintenant l'hypothèse. Supposons que les parties ont eu en vue deux causes différentes dont l'une implique l'idée de transférer la propriété, l'autre au contraire ne l'implique pas. Ulpien prévoit la question dans la loi 18, § 1er. Dig. de reb. cred. Elle ne peut soulever du reste aucune controverse. Je remets de l'argent à Titius, à titre de dépôt et il le reçoit à titre de prêt. Ici comme dans l'hypothèse précédente, les parties ne sont pas d'accord sur les causes de l'opération qu'elles veulent réaliser, mais de plus l'accipiens entend acquérir la propriété, tandis que le tradens entend ne se dé-

pouiller que de la détention de la chose. Il n'y a pas ici
l'*animus dominii transferendi et acquirendi*. La tradition manque donc d'un de ses éléments essentiels. Si les
écus existent encore entre les mains de Titius, le tradens
pourra les revendiquer. S'ils ont été consommés, la
condictio sine causa lui sera ouverte.

A plus forte raison en serait-il de même, si l'erreur
portait non sur la volonté de transférer la propriété,
mais sur la chose même qu'il s'agit d'aliéner. J'entends
vous transférer la propriété du fond Cornélien ; vous en-
tendez acquérir le fonds Sempronien. L'erreur ne laisse
pas subsister ici l'*animus dominii*. Il n'y a pas accord de
volontés. Donc pas de translation de propriété.

Même solution dans le cas où l'erreur porterait sur le
droit de celui qui se propose d'aliéner. Telle est l'hypothèse prévue par Ulpien, loi 35. Dig.De acquir.rer.dom.
« Si mon procurator ou le tuteur d'un pupille a fait à
quelqu'un tradition de sa propre chose, croyant qu'elle
était ma propriété ou celle du pupille, le domaine n'a
pas été deplacé et l'aliénation est nulle ; car personne ne
peut cesser d'être propriétaire par erreur. » — Il n'y a
pas eu volonté d'aliéner, le tradens ayant entendu transférer la propriété d'un autre et non la sienne. Cette solution incontestable paraît cependant contredite par un
texte de Marcellus qui forme la loi 49 Dig. Mandati. Mais
il est facile de voir en analysant ce texte que la contradiction n'est qu'apparente. Voici en effet l'hypothèse
prévue par Marcellus. Possédant de bonne foi l'esclave
de Titius que j'ai acheté d'un non-propriétaire, je donne
à Titius mandat de le vendre. Celui-ci qui ne sait pas
être propriétaire de l'esclave exécute son mandat. Le
jurisconsulte pense que Titius est obligé envers l'acheteur et que, s'il lui a livré l'esclave, il ne peut le reven-

diquer, sauf à recourir contre son mandant par l'action de mandat, s'il avait intérêt à ce que l'esclave ne fût pas vendu. Y a-t-il là rien de contraire à la doctrine d'Ulpien ? Pas le moins du monde. Le jurisconsulte ne dit pas que la tradition ait emporté translation de propriété, mais seulement que le contrat de vente existe et oblige le vendeur à la garantie envers l'acheteur. Or, étant tenu à la garantie, il ne peut intenter contre lui la revendication, en vertu de la maxime : *quem de evictione tenet actio*... Mais il n'en est pas moins resté propriétaire.

Nous avons vu que, dans le droit classique comme dans le droit de Justinien, le simple concours de volontés ne suffit pas pour opérer translation de propriété ; les parties étant tombées d'accord sur une vente ou une donation, la tradition ou tout autre mode de translation de la propriété doit intervenir pour consommer matériellement l'œuvre de la volonté. Il en résultait que la propriété ne pouvait être transférée avec cette clause qu'elle ferait retour de plein droit à l'aliénateur, vendeur ou donateur, si un évènement prévu par les parties venait à se produire. Ainsi il arrivait fréquemment dans les contrats de vente que le vendeur se réservait le droit de reprendre sa chose, si, dans un certain délai, il trouvait un autre acheteur qui lui offrit des conditions plus avantageuses. Ce que l'on nommait *in diem addictio*. Dans cette hypothèse, la propriété pouvait être transférée immédiatement, mais sous condition résolutoire. Qu'arrivait-il alors, si la condition se réalisait, si le vendeur trouvait un meilleur acheteur ? D'après les jurisconsultes et conformément aux principes généraux, la propriété ne fera retour à l'aliénateur que si une nouvelle tradition intervient ou tout autre mode de transmission de la propriété. Le vendeur ayant cessé d'être propriétaire n'a pour se faire retransférer la chose qu'une action personnelle, selon les uns, l'action *venditi*, selon d'autres, l'action *præscriptis verbis*. Dès l'époque classique cependant, nous voyons un jurisconsulte dont les doctrines sont en général plus avancées que celles de ses collègues, Ulpien, soutenir que la propriété doit ici faire retour au vendeur de plein droit et sans tradition nouvelle. (L. 41 pr., de rei vind.) « Aussitôt que l'offre meilleure aura été faite et acceptée, l'acheteur, dit Ulpien, ne peut plus user de l'action réelle. » C'est donc qu'il a cessé d'être propriétaire ; par suite que le vendeur l'est redevenu et peut exercer l'action en revendication.

Une théorie analogue s'était produite en matière de donation à cause de mort. La donation à cause de mort est censée faite sous cette condition qu'elle sera caduque par le prédécès du donataire ou par la survie du donateur à un événement déterminé ou même par la simple révocation au gré du donateur. Ici encore, comme dans l'hypothèse précédente, la propriété peut n'être transférée que sous condition suspensive, et, dans ce cas, pas de difficulté. Le donataire deviendra propriétaire par la réalisation de la condition. Le donateur a seul la revendication, tant qu'il est vivant ; après lui, elle passe au donataire. Mais supposons au contraire que le donateur ait immédiatement transféré la propriété ; si le donataire vient à prédécéder, si le donateur survit au péril prévu ou s'il se repent d'avoir donné, en un mot, si la donation devient caduque, la chose donnée fera-t-elle retour au donateur de plein droit et sans tradition nouvelle, ou faudra-t-il l'intervention d'un des modes ordinaires de transmission de la propriété ? Ici encore Ulpien paraît se prononcer pour la première opinion. (L. 29 et 30 Dig. De mort. causâ donat.)

On peut soutenir, dit-il, que le donateur a une action en revendication pour se faire restituer la chose, ce qui suppose qu'il est redevenu propriétaire par le seul événement de la condition. Mais les expressions mêmes d'Ulpien, *potest defendi*, nous prouvent que ce n'était pas là l'opinion de la majorité des jurisconsultes. Ceux-ci admettaient en général que la propriété ne faisait pas retour ipso jure au donateur et par suite que celui—ci n'avait qu'une action personnelle, une *condictio*, pour se faire rendre sa chose. Quant à l'action en revendication, dont parle Ulpien, il la qualifie lui-même *d'actio utilis*, ce qui signifie qu'elle était une dérogation aux prin-cipes admis. Ceci résulte encore d'un texte de Paul, la loi 35 § 3, De mort. causâ donat., qui accorde au donateur la condictio. Les deux systèmes différaient d'ailleurs par leurs conséquences pratiques, car tandis que, dans l'opinion dominante, l'arrivée de la condition résolutoire avait pour effet d'amener une retranslation de la propriété et par suite laissait subsister les droits réels consentis sur la chose par le donataire, le système d'Ulpien faisait rentrer la chose dans le patrimoine du donateur, franche de tout droit réel du chef du donataire.

De ces deux opinions, laquelle a fini par triompher? Celle d'Ulpien était plus conforme à la raison et à l'esprit philosophique, en assurant à la volonté des parties sa pleine et entière exécution, indépendamment de l'ac-complissement des formes, auxquelles restaient attachés les autres jurisconsultes. C'était déjà un premier pas fait vers le principe de la transmission de propriété par le seul consentement. Et cependant cette doctrine ne fut pas admise immédiatement et d'une manière générale. Des textes postérieurs à Ulpien laissent encore des doutes sur la question : tels sont deux rescrits de l'empereur Alexandre, formant les lois 3 et 4 au Code, liv. IV, tit. LIV, et relatifs tous deux à la *lex commissoria*. Ce qui est probable c'est que l'on a maintenu la vieille doctrine d'après laquelle la propriété ne peut être transférée *ad tempus*. Nous lisons en effet, dans les fragments du Vatican, § 283, un rescrit des empereurs Dioclétien et Maximien, conçu en ces termes : Si vous avez donné la propriété d'un fonds stipendiaire de telle façon qu'elle vous fit retour par le prédécès du donataire, la donation est inutile, puisque la propriété ne peut être transférée pour un temps. C'est cependant la doctrine d'Ulpien qui paraît avoir prévalu en définitive dans le droit de Justinien. En effet, la constitution de Dioclétien est reproduite au Code, L. 2 de Donat. quœ sub modo, mais remaniée d'une façon complète. Justinien nous dit en effet qu'une pareille donation est valable parce que la propriété peut très-bien être transférée *ad tempus certum vel incertum*. Ainsi, Justinien, sans admettre le principe que le seul consentement suffit pour transférer la propriété, reconnaît ici que par la seule puissance de la volonté des parties, la propriété se trouvera déplacée, si la condition résolutoire se réalise.

§ III. — *Des personnes qui peuvent figurer dans la tradition.*

Ces personnes peuvent être soit le sujet lui-même, celui qui se propose d'aliéner ou d'acquérir, soit un tiers, une personne étrangère. Sur ce point, le principe rigoureux de l'ancien droit romain était qu'on ne pouvait rien acquérir par une personne sur laquelle on n'avait pas la puissance. Cela fut toujours admis de la mancipatio et l'in jure cessio, tant que ces institutions subsistèrent comme mode de transmission de la propriété. Mais de bonne heure on fit échec à la rigueur primitive des principes, en faveur de l'acquisition de la possession et de la propriété par la tradition. Institution du droit des gens, elle échappa au matérialisme subtil du droit civil : d'ailleurs les besoins de la pratique devaient conduire la doctrine à s'écarter en cette matière des règles générales et à admettre que la possession pourrait être acquise *per extraneam personam.*

Il semblerait résulter d'un texte de Justinien, liv. II, tit. ix, § 5 aux Inst., que cette acquisition de la possession per extraneam personam n'a été établie que par une constitution de Septime-Sévère. Mais il résulte positivement de nombreux textes de jurisconsultes antérieurs à cette époque, que la règle a été admise anciennement : Labéon, qui vivait sous Auguste, 1. 51 Dig. de acq. rer. dom. De même Neratius, qui vivait sous Trajan et Adrien, 1. 13 pr. de acq. rer. dom., et 1. 41 de Usurp. Peut-être la constitution de Septime-Sévère n'a-t-elle fait que consacrer définitivement une doctrine déjà admise depuis longtemps.

Ainsi la tradition faite ex justa causa à mon mandataire me fait acquérir la possession et par suite la propriété, si elle est faite a domino et par une personne ayant pouvoir d'aliéner. Si au contraire le tradens n'était pas propriétaire je n'acquerrai la propriété que par l'usucapion. Mais il faut, dans les deux cas, que l'animus possidendi existe chez le possesseur lui-même : ce que Paul exprime dans cette phrase : « *Animo nostro corpore etiam alieno possidemus.* » Ainsi supposons qu'un tiers achète pour moi un fonds, sans en avoir reçu mandat. A partir du moment où le fonds lui est livré, il y a pour moi acquisition *corpore,* mais comme je ne puis avoir l'*animus possidendi,* n'ayant pas connaissance de l'acquisition faite par moi, je n'acquerrai la propriété que par la ratification. (L. 42 § 1er, de adq. poss.) Que si j'avais donné mandat à ce tiers d'acheter le fonds, l'animus possidendi donné d'avance venant se joindre au fait matériel de la livraison, j'acquerrai la propriété au moment même où la chose sera livrée à mon mandataire. Il n'est pas nécessaire que je connaisse le moment précis de l'acquisition et c'est en ce sens qu'on a pu dire : *Placet non solum scientibus, sed et ignorantibus nobis adquiri possessionem* (L. 2 § 1er de acq. poss. Dig.). On a voulu, il est vrai, repousser cette solution en s'appuyant sur la loi 59 de acq. rer. dom. « *Res ex mandatu meo empta non prius mea fiet quam si mihi tradiderit qui emit.* » Mais cette loi statue sur une hypothèse spéciale, celle où il aurait été convenu que le mandataire acquerrait pour lui, puis me transférerait la propriété ainsi acquise. Notons toutefois que si la tradition a été faite dans notre hypothèse *à non domino* je ne commencerai à usucaper que du jour où j'aurai connu la tradition faite à mon mandataire. On se montrait moins sévère pour faire acquérir la propriété par la tradition émanée *a domino* que pour la faire acquérir par l'usucapion, en cas de tradition faite *a non domino.* Et d'ailleurs je ne puis commencer à usucaper qu'autant que je suis de bonne foi, ce qui suppose que j'ai connaissance de l'acquisition.

Une question se présente ici qui paraît avoir divisé les jurisconsultes romains. Pour que la possession et par suite la propriété fut ainsi acquise au mandant, fallait-il que le mandataire eût lui-même reçu la chose pour le compte du mandant ou ne fallait-il au contraire tenir aucun compte de l'infidélité du mandataire ? D'après Julien (L. 37 § 6, 41, 1), l'intention du représentant étant d'acquérir pour lui et non pour le représenté, celui à qui le tradens veut faire acquérir, la propriété ne sera pas transmise : « *Nihil agetur,* » dit Julien. Au contraire Ulpien (L. 13 de donat.) nous dit que dans une telle hypothèse, le mandataire *nihil agit in sua persona, sed mihi adquirit.* Une personne veut me transférer la propriété d'une chose et je l'invite à la livrer à un esclave commun entre moi et Titius. L'esclave la reçoit avec l'intention de la faire acquérir tout entière à Titius ou tout à la fois à Titius et à moi. Suivant Julien, l'esclave ne fera rien de valable dans le premier cas ; il acquerra pour moi une moitié de la chose dans la seconde hypothèse. D'après Ulpien, au contraire, la propriété me sera acquise tout entière, conformément à l'intention du tradens. La conciliation de ces textes a exercé longtemps la sagacité des interprêtes. Cujas a proposé d'ajouter aux mots : *nihil agetur,* dans le texte de Julien, ceux-ci : *in persona Titii, sed mihi adquiret.* D'après M. de Savigny, il faudrait lire : *nihil agetur ex mente procuratoris.* Le plus sûr est, je crois, de dire que ces textes sont inconciliables et qu'il y avait sur ce point comme sur plusieurs autres, divergence entre Ulpien voulant faire prédominer l'intention des parties contractantes, sans se préoccuper de l'intermédiaire et les autres jurisconsultes, plus fidèles à la vieille doctrine, et attachant une plus grande importance à la volonté d'un mandataire qui, à l'origine, ne parlait qu'en son nom et ne représentait point le mandant.

DROIT FRANÇAIS

PREMIÈRE PARTIE

HISTORIQUE.

Nous avons vu le droit romain primitif entourer de formes solennelles la transmission de la propriété, moins en vue d'assurer le crédit par la publicité que de marquer d'un signe matériel et certain l'opération juridique que les parties veulent accomplir. Plus tard, nous voyons ces solennités symboliques tomber en désuétude, sans que cependant le principe rationnel de la transmission *solo consensu* se dégage encore des progrès faits par la science du droit et l'esprit philosophique. Jusque dans le dernier état du droit, il faut toujours la tradition, c'est-à-dire la mise en rapport de l'homme avec la chose.

Nous arrivons maintenant aux origines de notre droit français. La civilisation romaine s'efface peu à peu et une société nouvelle prend naissance. La science du droit disparaît pour longtemps et, là encore, comme dans toutes les sociétés naissantes, reparaît le cortége des solennités sacramentelles et ce matérialisme de la forme que nous avons signalé à l'origine du droit romain. Nous diviserons l'historique de notre ancien droit en trois périodes : Époque *Gallo-Franque*, — *Féodale*, — *Coutumière*.

§ I. — ÉPOQUE GALLO-FRANQUE

La tradition, telle que l'entendait le droit romain, c'est-à-dire l'acte consistant à mettre la chose à la disposition de l'acquéreur, et même l'appréhension corporelle de cette chose ne suffisent plus pour opérer translation de propriété. Il faut maintenant une tradition solennelle, *legitima ac solemnis traditio*, une tradition qui, par sa forme et ses procédés symboliques, a quelque analogie avec l'*in jure cessio* du droit romain. L'usage des Germains de faire dans leurs assemblées les actes privés les plus importants et dont on veut assurer le souvenir a été transporté en Gaule. L'assemblée locale, c'est le *mallum ;* son rôle principal est celui d'une juridiction d'ordre inférieur dont les juges portent le nom de *rachimbourgs* et qui est présidée par le comte, *comes*. C'est là, en présence des rachimbourgs et du comte, dans l'assemblée du canton, que s'opèrent la tradition et la transmission de la propriété. C'est là, à ce que nous révèlent les formules de Marculfe et les Capitulaires, que les parties viennent accomplir les formalités de l'investiture et que la tradition se fait par quelque symbole, qui atteste l'intention de transférer la propriété, symbole fixé par la loi, la coutume ou l'usage et présentant le plus souvent une certaine analogie avec la chose aliénée. C'est ainsi que le vendeur d'un champ

remet à l'acheteur une motte de terre ou de gazon et,
pour exprimer qu'il entend aliéner non-seulement la
terre mais aussi tout ce qui la recouvre, il lui remet une
branche d'arbre, *ramus*, ou tout autre produit de la
terre. D'autres fois, la tradition s'opère par le bâton,
baculus, virga, le couteau, le glaive, emblêmes des pouvoirs du propriétaire qui a le droit de commander et
même de détruire. Il y a encore une foule d'autres
formes de ce genre qu'il serait superflu d'énumérer, car
elles varient à l'infini suivant l'usage des lieux ou les
choses que l'on veut aliéner. Mais il est impossible de
ne pas être frappé de l'analogie que présentent ces pan-
tomimes juridiques avec la procédure des actions de la
loi, le *sacramentum* ou l'*in jure cessio* qui n'en était
qu'une application. C'est là un fait qui se rencontre à
l'origine de toutes les sociétés. Nous l'avons signalé à
l'origine du droit romain ; nous le constatons une fois
de plus ici. Quant à y trouver une idée de crédit, un
essai d'organisation de la publicité dans l'intérêt des
tiers, comment pouvons-nous nous y tromper un seul
instant, quand nous voyons les tâtonnements et les hésitations de notre législateur, que sollicitaient cependant
depuis longtemps les progrès de la science du droit et
les besoins d'une société déjà avancée en civilisation ?

La tradition solennelle ainsi accomplie donnait l'investiture. En l'absence de ces solennités légales, elle
restait au vendeur, seul propriétaire aux yeux de la loi.
Lors donc qu'on traitait en dehors de l'assemblée du
canton, on faisait donner au vendeur caution de parfaire
l'investiture devant le comte. « Si au temps où le vendeur
veut livrer la chose, dit un capitulaire de l'an 819, il
se trouve hors de l'assemblée, à l'armée ou en tout
autre lieu, qu'il s'adjoigne des témoins choisis parmi les

habitants de la localité ou ceux qui vivent sous la même loi que lui : que devant eux, il fasse tradition et qu'il fournisse caution de procéder plus tard à l'investiture de celui à qui il livre la chose. » La loi ripuaire veut dans ce cas que la tradition soit faite sur le lieu même, en présence de six ou douze témoins accompagnés d'autant d'enfants. La loi ordonne à l'acquéreur, après la tradition faite et le prix payé, de donner un soufflet et de tirer les oreilles aux enfants pour qu'ils lui rendent un jour témoignage devant l'assemblée du canton.

Au reste, à côté de cette tradition solennelle, sortie des usages germaniques, les actes du temps nous montrent la continuation des pratiques Romaines sur les transmissions de propriété. Elles ont été conservées sans doute par les Gallo-Romains et par l'Église. Aussi les voyons-nous d'une application plus fréquente dans le Midi, qui fut moins pénétré que le Nord par les mœurs et les traditions germaniques. Ainsi, les actes constatant l'aliénation et la tradition continuent d'être déposés dans les archives municipales, autant que le comporte toutefois la désorganisation du régime municipal à cette époque. (Laboulaye, *Histoire de la Propriété foncière au moyen âge*.)

§ II. — ÉPOQUE FÉODALE.

Il n'était pas dans l'esprit du régime féodal de simplifier l'organisation de la propriété et les modes de transmission qu'elle comporte. Les formalités de l'époque germanique, loin de disparaître, trouvèrent au contraire dans la constitution nouvelle de la propriété foncière une force plus grande et une raison d'être qui leur avait manqué jusque-là.

Le *mallum*, le *comes,* tous les anciens pouvoirs civils ou judiciaires ont disparu : le seigneur, investi des droits de souveraineté dans son territoire, est maintenant le dépositaire de la justice et le seul représentant de la puissance publique vis-à-vis des populations. C'est donc devant lui que vont s'accomplir les formalités de l'investiture, comme elles s'accomplissaient autrefois devant l'officier royal et l'assemblée du canton.

Mais, d'autre part, le système de la propriété se trouve transformé et c'est là une autre face de la révolution féodale. La propriété libre, qui ne relève d'aucune autre, est devenue un état de choses exceptionnel désigné sous le nom d'*alleu* ou de *franc-alleu.* Les seigneurs se considèrent comme les propriétaires originaires de toutes les terres situées dans l'étendue de leur seigneurie ; les vassaux ne les tiennent d'eux qu'à titre de concession, viagère à l'origine et devenue avec le temps transmissible et héréditaire. Cette propriété du vassal n'existe d'ailleurs que sous la réserve d'une seigneurie directe, retenue par le seigneur et qui se manifeste par certains devoirs ou services et par certaines prestations. Alors triomphe la maxime : nulle terre sans seigneur. Le fief, tenure noble, concession faite à une clientèle d'un ordre élevé, crée entre le vassal et le seigneur des rapports personnels de foi et met à la charge de ce dernier des services réputés nobles, tels que le service de guerre et de cour. La censive, tenure roturière, concession faite à une clientèle plus humble, grève le vassal d'une redevance qui a cependant un caractère seigneurial pour celui qui la reçoit. Telle est en quelques mots la transformation qui s'opère à cette époque dans la propriété foncière. Elle dut avoir une grande influence sur la transmission de cette propriété. En effet, désormais toute mutation de fief ou de censive ne peut avoir lieu qu'avec l'assentiment du seigneur, de qui tout est censé émaner originairement. Le précédent propriétaire doit se dessaisir de la chose entre les mains de son seigneur qui en investit l'acquéreur et le seigneur prend l'habitude de se faire payer l'adhésion qu'il donne à la transmission de propriété. De là, une double coutume, qui a laissé des traces profondes dans notre droit : 1° Profits à payer au seigneur ; c'est l'origine de nos droits de mutation ; 2° formalité de l'ensaisinement, qui donnera plus tard l'idée de la théorie de la transcription. Nous n'avons à nous occuper ici que de ce dernier usage. Nous le voyons à cette époque, dans toutes les coutumes, sous des noms différents : *Dessaisine* et *saisine* — *vest* et *devest* — *déshéritance adhéritance* — *devoirs de loi* — *nantissement*, etc., autant d'expressions qui désignent cette transmission de la propriété par l'intermédiaire du seigneur. Quant aux formes employées pour l'opérer. elles ne sont au fond que la continuation des procédés symboliques de l'époque précédente. Ici encore se retrouvent l'investiture par la motte de terre, le gazon, le bâton, la lance, le couteau, etc., suivant l'usage des lieux et la nature des choses dont on veut transférer la propriété. Nous trouvons une description curieuse de ces formalités dans le vieux coutumier d'Artois. Le manuscrit renferme même une figure représentant le seigneur assis sur un siége doré et tenant de la main un bâton qu'il remet à l'acheteur à genoux devant lui, tandis que les hommes ou jugeurs, au nombre de quatre, sont debout derrière l'acheteur et en face du juge.

Nous avons vu comment les pratiques de l'époque franque qui ne pouvaient s'expliquer que par l'esprit formaliste d'une société encore barbare trouvent maintenant leur raison d'être et leur justification dans la constitution de la société féodale et la nouvelle organisation de la propriété foncière. Mais, au milieu de ces formalités que le système féodal s'est appropriées en les faisant tourner à son avantage, on aperçoit dès à présent le germe d'une idée utile, qui ne sera mise à profit que huit ou neuf siècles plus tard. Sur un grand nombre de points en effet, l'investiture pour les fiefs, le vest et le devest pour les censives sont constatés sur des registres et ces registres sont ouverts aux investigations des personnes intéressées : « *Et solebant olim*, dit Dumoulin, *hujusmodi investituræ publicæ fieri vel apud acta* ..... » Il n'y avait là sans doute qu'une publicité imparfaite, organisée dans l'intérêt du seigneur lui-même et dont les tiers pouvaient tirer avantage, bien qu'elle n'eût pas été introduite dans le but de les protéger.

§ III. — DROIT COUTUMIER.

Morcellement de la souveraineté , hiérarchie des personnes et des terres, tels sont les deux traits caractéristiques qui résument la féodalité et, comme conséquence de cet état de choses, au point de vue de la transmission de propriété, point de mutation, sans ensaisinement ou investiture de la part du seigneur. Il vient un moment où cette société féodale qui avait eu son heure de légitimité devient odieuse par ses abus. Un double mouvement se produit alors contre elle : des attaques par en haut, qui émanent de la royauté ; une révolution par en bas, qui se manifeste par l'affranchissement des communes. La royauté et le peuple trouvent de puissants auxiliaires dans le droit romain qui renaît à cette époque sous la forte impulsion des écoles de Bologne et de Pavie, et dans les légistes qui occupent bientôt dans la cour du roi les siéges que déserte une aristocratie de plus en plus étrangère à la nouvelle science du droit. Le XIIe siècle marque le point de départ de cette lutte sourde contre les pouvoirs féodaux. Au XIIIe siècle, le mouvement s'accélère et la révolution achève de s'accomplir. La propriété secoue alors les entraves qui gênent sa libre circulation. La manière simple et rationnelle dont le droit Romain avait envisagé la propriété et ses moyens de transmission ne peut manquer de frapper les esprits. D'ailleurs l'ensaisinement demandé et obtenu du seigneur comme un bon office a perdu sa raison d'être. Il tombe bientôt en désuétude, et dès cette époque la tradition du droit Romain devient le droit commun de la France.

1° Pays de nantissement.

Cette tendance à s'affranchir de l'ensaisinement ne fut pas cependant suivie dans toutes les Coutumes. Soit que certains pays eussent été plus pénétrés par la féodalité ou par les traditions germaniques, soit que l'ensaisinement y eût été organisé de manière à servir à une transmission plus régulière de la propriété, un certain nombre de coutumes du Nord de la France restèrent attachées à l'ancienne pratique. Ces pays, dits *pays de nantissement,* étaient le Vermandois, la Picardie, l'Artois, la Flandre, le Hainaut, le Cambrésis. Là il ne suffisait pas d'une simple tradition pour transmettre la propriété; il fallait de plus une tradition solennelle. Le vendeur se démettait de la propriété entre les mains du seigneur qui en investissait l'acheteur avec les rites symboliques pratiqués à l'époque féodale. A défaut de ces formalités, la mutation ne pouvait se produire ; mais comme elles tenaient lieu de la tradition, elles n'étaient pas de l'essence de la convention qui n'en restait pas moins valable. Ainsi, soit entre les parties, soit au regard des tiers, la propriété n'était pas transférée, mais l'acheteur avait une action pour contraindre le vendeur à lui faire la tradition solennelle de la chose. C'est ce qu'exprime fort bien Bouteiller, dans sa Somme rurale, liv. Ier, chap. 67 : « Celui qui vend sa tenure, mais qui en retient encore la saisine par devers lui, ne n'en fait vest à l'acheteur, sachez qu'il est encore sire de la chose ; mais toutefois il peut être contraint à faire le werp et adhéritement de la chose. » Il y avait là une théorie analogue à la théorie romaine, qui, distinguant le contrat productif d'obligations de l'acquisition du droit réel, accordait à l'acheteur une action pour se faire livrer la chose et s'en faire transférer la propriété. Enfin ce système entraînait cette conséquence que de deux acheteurs successifs, celui-là était préféré qui avait été ensaisiné, sauf le droit pour l'autre de demander à son vendeur des dommages-intérêts.

Jusqu'ici, nous n'apercevons rien qu'une continuation fidèle des traditions féodales. Mais la pratique du nantissement avait un côté utile qui fut développé par les coutumes dont nous nous occupons et qui contribua peut-être à la faire maintenir dans ces pays jusqu'à la Révolution. Elle renfermait en effet en elle le germe d'une certaine publicité. Indépendamment des formalités qu'elle exigeait, elle devait en outre, suivant la plupart des coutumes, être constatée par écrit. Les registres à ce destinés pouvaient être consultés par les personnes intéressées à connaître les mutations de propriété. Les droits conférés par un propriétaire se trouvaient dès lors consolidés par le principe de la publicité, et les tiers pouvaient aisément être initiés aux modifications qui survenaient dans le patrimoine des personnes avec lesquelles ils entraient en relation d'affaires. Ainsi l'institution féodale, qui n'était qu'une entrave à la circulation des biens dans l'intérêt du seigneur, était devenue un moyen de crédit, et l'origine de notre institution moderne de la transcription.

Ce point de vue est d'ailleurs clairement indiqué dans un placard de l'archiduc d'Autriche de 1673, applicable à la Flandre. Il prescrit en effet : « Qu'aucunes clauses et conditions de fidéicommis, substitutions, prohibitions d'aliéner et semblables charges prescrites et ordonnées par testament, donations et contrats, comme aussi la vente des biens, constitutions de rente et toutes les aliénations de biens immeubles, n'auront d'effet de réalisation au préjudice des personnes tierces... si les dites ventes et toutes autres aliénations de biens immeubles ne sont notifiées et enregistrées au premier livre et registre des juges ,où tels biens..... sont situés et ressortissants. »

Enfin, ce qui confirme encore cette idée que la publicité était le véritable but de la pratique du nantissement, bien plus que la reconnaissance des droits du seigneur, c'est que nous voyons certaines coutumes y assujettir même les transmissions d'alleux. L'alleu, terre libre, n'ayant jamais été engagée dans la hiérarchie féodale, ne relevant d'aucun seigneur, ne pouvait être aliéné, d'après la coutume de Hainaut, que moyennant l'accomplissement de la formalité du nantissement ; seulement l'investiture, au lieu de se faire devant le seigneur ou l'officier du seigneur, se faisait devant deux propriétaires d'alleux, deux francs-alloëtiers. Nous devons dire cependant que ce n'était pas là un principe admis par toutes les coutumes. C'est ainsi que la coutume de Péronne nous dit : « En franc-alleu, n'y a dessaisine ni saisine. »

A côté de ces coutumes du Nord de la France qui avaient maintenu la formalité de l'ensaisinement, il faut signaler deux provinces où, sans avoir conservé les anciennes formes des transmissions de propriété, on avait cependant établi un certain système de publicité, destiné à consoler les acquisitions d'immeubles. En Bretagne, le système des *appropriances* avait pour but d'empêcher qu'un acquéreur put toujours et à toute époque être évincé par un propriétaire qui n'avait pas rendu son titre public et dont par conséquent celui-ci n'avait pu connaître les droits. En conséquence, l'acquéreur, une fois en possession réelle de l'immeuble, devait faire connaître son droit par trois proclamations ou bannies de son contrat d'acquisition par trois jours de Dimanche consécutifs, au lieu de la situation du bien ; puis il devait faire rapporter et certifier les dites bannies aux prochains plaids généraux du juge du lieu. (C. de Bretagne, art. 269.) Après ces bannies, quiconque se prétendait propriétaire devait former opposition. Puis, la certification dûment faite, à défaut d'opposition, l'acquéreur était approprié et la propriété purgée de tous les droits réels qui grevaient l'immeuble.

Enfin en Normandie, nous trouvons aussi un système de publicité ou mieux de publications, analogue à celui des appropriances. Là aussi les mutations de propriété devaient être rendues publiques pour consolider complétement le droit de l'acquéreur. Mais la portée de cette pratique était très-restreinte, car elle n'avait pour but que de faire courir le délai pour exercer le retrait lignager.

2° — *Droit commun de la France.*

En dehors des coutumes de nantissement, la tradition du droit romain est devenue le droit commun de la

France. La propriété s'est affranchie complétement des entraves du régime féodal, et on proclame la maxime : « *Ne prend saisine qui ne veut.* » L'ensaisinement, étant devenu une formalité purement volontaire, n'a pas tardé à tomber en désuétude, et cela est passé en règle non seulement pour la censive, mais même pour la transmission des fiefs. Il y avait sur ce dernier point quelque difficulté à admettre que le fief put changer de mains et le vassal se substituer une autre personne, sans que le seigneur eût donné son consentement à cette mutation. On retint la formalité de la foi et de l'hommage, mais seulement comme obligation que le nouveau vassal devait accomplir dans un certain délai et dont la seule sanction était la saisie féodale, c'est-à-dire la saisie du fief avec jouissance des fruits par le seigneur. L'absence de ces formalités ne suspendait pas d'ailleurs un seul instant la transmission de propriété.

Tout en rejetant les vieilles pratiques féodales, on ne s'éleva pas en théorie jusqu'au principe de la transmission par le seul concours des volontés et on maintint comme point de départ, la nécessité de la tradition. Croyant être en cela fidèles au droit romain, les commentateurs imaginèrent une foule de fictions pour expliquer différents cas où il n'y avait pas de tradition matérielle, fictions qui étaient aussi étrangères aux jurisconsultes romains qu'elles étaient inutiles pour rendre compte de la transmission de propriété. Telles étaient la tradition *symbolique*, la tradition *longæ manus*, ou *brevis manus* ; les clauses de *précaire* ou de *constitut possessoire*. Nous avons déjà dit comment ces hypothèses s'expliquent par cette considération bien simple, que la tradition ne consiste pas nécessairement dans une appréhension corporelle et matérielle de la chose, mais

bien plutôt dans sa mise à la disposition de l'acquéreur.

Tandis que la théorie se montrait si fidèle au principe de la tradition considérée comme mode indispensable de toute transmission de propriété, la pratique
était loin de répondre à ces exigences. En fait, la réaction contre le formalisme du droit féodal conduisit à faire
considérer la tradition romaine elle-même comme trop
gênante. On renchérit encore sur le droit romain et on
finit par considérer comme suffisante la simple clause
de *saisine-dessaisine*, insérée dans un acte notarié. La
coutume d'Orléans dans son article 278, nous dit Pothier, veut que la simple clause de dessaisine-saisine par
laquelle le vendeur ou donateur déclare se dessaisir d'un
héritage et en saisir l'acheteur ou donataire, lorsqu'elle
est faite dans un acte notarié, soit censée renfermer une
tradition feinte qui équipolle à la tradition réelle. Moyennant cette clause, l'acquéreur, bien que rien n'eût révélé
au public son acquisition, pouvait revendiquer la chose
contre tous, même contre un second acquéreur de bonne
foi et une possession effective de la chose. Cette clause
de dessaisine-saisine finit par devenir de style dans les
actes notariés et par tenir toujours lieu de tradition. Il
faut reconnaître que c'était s'écarter singulièrement du
principe qui exigeait la tradition pour la transmission de
propriété et se rapprocher de la transmission par la
seule force du consentement. Le désir de simplification,
la réaction contre les traditions féodales avait amené la
pratique à ne voir que les formalités gênantes du vest et
du devest et à dédaigner les avantages qu'elles pouvaient renfermer pour les tiers, au point de vue de la
publicité. Mais de bons esprits critiquaient énergiquement cette clause. De ce nombre était Dumoulin : « *ista*

disait-il, *non est neque vera neque ficta traditio* », et Ricard remarquait avec peine que la pratique nouvelle, en annihilant la tradition, avait pour effet de rendre les mutations clandestines et de priver la propriété du seul élément de publicité qui lui eut été donné, de telle sorte que la tradition ne servait qu'à grossir les clauses d'un contrat et ne dépendait plus que du style des notaires. Aussi des auteurs essayèrent-ils d'atténuer les inconvénients de cette pratique, en mettant en doute que la tradition feinte produisit les mêmes effets que la tradition réelle au point de vue de la transmission de propriété, à l'égard des tiers. Avec la clause de dessaisine-saisine, l'acheteur sera-t-il fondé à revendiquer la chose soit contre des créanciers qui l'auraient saisie entre les mains du vendeur soit contre un second acheteur à qui le vendeur l'aurait livrée depuis ? Charondas, dans cette dernière hypothèse, décide en faveur du second acheteur ; la raison en est d'après lui, que ces traditions feintes ne consistant dans aucun fait extérieur, mais dans une simple convention intervenue entre le vendeur et le premier acheteur, ne peuvent avoir la vertu, vis-à-vis des tiers, de transférer la propriété à ce dernier. C'était là un effort louable pour arriver à une certaine publicité dans les transmissions, en ne rendant pas opposables aux tiers nantis de la chose les mutations clandestines. Mais était-ce là une interprétation exacte du droit romain ? Evidemment une pareille distinction n'était jamais entrée dans l'esprit des jurisconsultes classiques, et les auteurs, qui se montraient fidèles au droit romain, Pothier, Guy Pape, n'avaient pas de peine à démontrer qu'entre la tradition réelle et la tradition fictive il n'y avait jamais eu de différences et que toutes avaient pour effet de transférer la propriété aussi

bien à l'égard des tiers qu'à l'égard des parties contractantes. (Pothier, Vente, n° 322.)

Enfin, en dehors de la sphère du droit positif, des
esprits novateurs, placés à un point de vue plus élevé,
se livrant à l'étude de ce qu'on nommait alors le droit
naturel et que nous nommerions aujourd'hui la philoso-
phie du droit, arrivèrent à contester la légitimité du
principe même de la tradition. Grotius, Puffendorf et
autres, envisageant la tradition en elle-même, se dégageant des préoccupations de la pratique et de l'autorité
du droit romain, prétendirent que ce principe du droit
romain, *dominia rerum traditionibus, non nudis pactis,
transferuntur*, n'était point pris dans la nature ; que
c'était un principe de droit purement positif, impropre-
ment attribué au droit des gens parce qu'il avait été reçu
de plusieurs nations ; mais que dans les purs termes du
droit naturel, rien n'empêchait que la simple convention
de transférer la propriété ne la transférât effectivement,
indépendamment de toute tradition réelle ou feinte. Le
domaine d'une chose, disaient-ils, étant essentiellement
le droit d'en disposer comme bon nous semblera, c'est
une suite de ce droit que je puisse par ma seule volonté,
transférer le domaine de cette chose. Il est vrai que je
ne commencerai d'en jouir que lorsque la tradition m'en
aura été faite, mais le droit de propriété et l'exercice
de ce droit sont deux choses fort distinctes ; je puis
avoir acquis la propriété, sans en avoir encore l'exercice.

Ainsi, indépendamment des facilités admises par la
pratique, en matière de tradition, la théorie a déjà entrevu le principe philosophique de la transmission solo
consensu, mais sans apercevoir l'idée corrélative du
crédit et de l'intérêt des tiers, autre face du problème
qui réclame plus que jamais une solution.

3° — *Essais infructueux d'organisation de la publicité en matière de droits réels.*

Cette solution, ce sera le droit intermédiaire qui nous la donnera pour la première fois. Jusque-là, nous ne trouvons que des essais partiels, très-imparfaits et toujours infructueux d'organisation de la publicité, en matière de droits réels. Il n'y a guère que Colbert qui ait entrevu l'utilité d'une pareille réforme, mais ses tentatives et ses projets restèrent sans effets, en face des résistances que soulevait dans la grande propriété foncière toute idée de publicité.

Quant aux édits de nos rois, notamment l'édit d'Henri III, de 1581, qui exige la formalité de l'enregistrement pour toute mutation ou constitution de droits réels, il ne faut point y voir une tentative de fonder la publicité des droits réels, car ainsi que le porte l'édit de 1581, art. 8, « il ne sera donné communication du registre qu'à ceux qui y auront intérêt ainsi que par justice sera ordonné et non autrement. » Le but de l'édit était seulement de prévenir les falsifications et antidates et aussi de procurer des ressources au trésor. D'ailleurs ces dispositions législatives n'eurent qu'une existence éphémère.

Enfin Colbert, dans le préambule de l'édit de 1673, manifeste clairement l'intention « de perfectionner par une disposition universelle ce que quelques coutumes avaient essayé de faire par la voie des saisines et des nantissements. » C'était un projet de consolidation de la propriété par la publicité des transmissions. Mais il n'essaya même pas de réaliser cette réforme. L'édit de 1673 ne s'occupa en effet que du régime hypothécaire et de la purge des hypothèques: tentative de constitution du crédit par la publicité d'une certaine nature de droits réels, mais tentative incomplète, car si l'acheteur était assuré qu'il ne serait pas exproprié par un créancier du précédent propriétaire, il n'avait aucune certitude qu'il ne serait pas évincé par un acquéreur ayant un titre antérieur au sien et resté inconnu. Et cependant même réduit à ces proportions, l'édit de Colbert échoua devant les préjugés de l'époque et les résistances qu'il rencontra de la part de la noblesse. Celle-ci, en possession de grands domaines, mais grevée de dettes hypothécaires qui absorbaient souvent la valeur totale de ses immeubles, jouissait d'un crédit mensonger, que la publicité des droits réels eût démasqué. La clandestinité de l'hypothèque pouvait seule dissimuler le fâcheux état de ses affaires et lui permettre de vivre encore longtemps sur le prestige de son nom et sur de trompeuses apparences de fortune. Aussi dès son apparition, la réforme de Colbert eût-elle à se heurter contre l'opposition intéressée de la noblesse et contre la force des préjugés qui lui fit rencontrer des adversaires même parmi d'éminents jurisconsultes et magistrats. Il n'est pas bon, disait-on, de mettre à nu l'état de la fortune de chacun ; c'est exposer une foule de personnes aux poursuites rigoureuses de leurs créanciers, et comme le nombre des débiteurs obérés est très-considérable, leur intérêt devient une sorte de raison d'État qui commande de les ménager. Colbert dut céder devant ces récriminations et l'année suivante, 1674, l'édit fut révoqué. Depuis, la seule amélioration introduite dans notre régime hypothécaire fut celle de l'édit de 1771, qui établit définitivement la purge des hypothèques. Les transmissions de propriété comme les constitutions d'hypothèque continuèrent donc à être occultes, dans le droit commun de la France et, en dehors des pays de nantissement, le problème de la constitution du crédit par la publicité ne reçut aucune solution.

§ IV. — DROIT INTERMÉDIAIRE.

1° — *Loi de* 1790.

Tel était l'état des choses en 1789. La fameuse nuit du 4 août emporta les derniers vestiges du régime féodal et avec lui les justices seigneuriales, les œuvres de loi et autres formalités analogues empreintes d'un cachet évident de féodalité. Les coutumes de nantissement allaient donc se trouver privées de l'élément de publicité qu'elles avaient eu jusqu'ici en matière de transmissions et de constitutions de droits réels. Il n'était pas dans l'esprit de la révolution qui devait porter la lumière dans les mutations de propriété et dans le régime hypothécaire de revenir partout au système de la clandestinité qui formait encore le droit commun de la France. En attendant donc qu'une loi nouvelle vint réaliser cette réforme pour la France entière, l'Assemblée constituante maintint dans les pays de nantissement le système de publicité qui y était en usage, mais en l'accommodant au nouvel ordre de choses. La loi du 19 septembre 1790 ne retint de l'ancienne pratique du nantissement que l'inscription sur les registres par laquelle se révélait le côté utile de l'institution. L'article 3 dispose en effet que désormais les formalités de dessaisine-saisine, déshéritance, devoirs de loi, etc., et en général toutes celles qui tiennent au nantissement féodal ou censuel sont abolies et que jusqu'à nouvel ordre la transcription des grosses des contrats d'aliénation ou d'hypothèque en tiendra lieu et suffira pour consommer l'aliénation ou la constitution d'hypothèque, et l'art. 4 : Les dites transcriptions seront faites par les greffiers des tribunaux de district de la situation des biens et ces greffiers seront tenus de communiquer ces registres sans frais aux requérants.

Nous voyons apparaître pour la première fois, dans la loi de 1790, le mot de *transcription*. Mais le mot seul est nouveau. L'institution n'est autre chose que la continuation d'une institution féodale : toute la réforme se borne à supprimer l'intervention du juge et à substituer aux greffes des justices féodales les greffes des tribunaux de district. D'ailleurs les effets sont les mêmes : comme le nantissement, la transcription est nécessaire pour opérer la transmission de propriété à l'égard de tous, aussi bien entre les parties qu'à l'égard des tiers. Enfin son étendue d'application reste la même ; destinée à remplacer le nantissement, elle ne s'applique qu'aux pays du Nord où cette dernière formalité était en vigueur. Le droit commun de la France demeura donc ce qu'il était et la tradition réelle ou feinte continua d'être la seule formalité requise pour la transmission de la propriété.

2° — *Loi de Messidor an III. — Loi du 11 Brumaire an VII.*

La loi de 1790 n'était qu'une loi d'expédient et de transition. L'idée de la publicité des droits réels trouva sa consécration première dans la loi de messidor an iii. Le législateur comprit l'utilité qu'il y avait à étendre à toute la France une pratique localisée jusque-là dans une certaine région seulement. Il y fut conduit d'ailleurs par les idées économiques de l'époque sur le crédit foncier. La tendance des esprits était alors de considérer la terre comme le premier élément de la richesse sociale et le principal instrument du crédit. Par une sorte de réaction contre le régime féodal qui avait immobilisé la propriété foncière, on voulut en faire une valeur facilement négociable, dont la circulation serait pour ainsi dire aussi rapide et aussi commode que celle d'un effet de commerce. Telle fut la pensée de la loi de messidor an III, tentative chimérique qui rendit impossible l'application de la loi et fit ajourner indéfiniment son exécution, mais qui eût du moins pour résultat d'introduire dans notre droit le salutaire principe de la publicité des droits réels inconnu à la plupart des coutumes. Nous ne parlerons pas ici de l'hypothèque sur soi-même ni des cédules hypothécaires imaginées par la loi de l'an III. Peu importe le but irréalisable que poursuivait cette loi et la pensée plus ou moins heureuse qui a présidé à sa confection ; elle a constitué le régime hypothécaire sur cette double base : publicité et spécialité ; elle a porté la publicité dans les transmissions de propriété ; elle a institué les conservateurs des hypothèques, chargés de donner aux actes cette publicité, sauvegarde de l'intérêt des tiers. Ce sont là autant d'idées utiles qui sont entrées dans notre législation avec la loi de messidor an III.

Ces réformes n'entrèrent du reste dans la pratique et dans l'application qu'avec la loi du 11 brumaire an VII. Mieux inspiré que les rédacteurs de la loi de messidor, le législateur de l'an VII se préoccupa uniquement de constituer un bon régime de publicité des hypothèques et des transmissions. Sans rêver un crédit foncier incompatible avec la nature de la propriété immobilière, il se borna à consolider les droits réels, leur acquisition et leur transmission par une publicité destinée à inspirer la confiance. La véritable constitution du crédit réel date donc de la loi de brumaire. Elle s'inspira de la législation

des pays de nantissement et des innovations restées
stériles de la loi de l'an III. Elle ne méconnut point d'un
autre côté l'utile simplicité qui présidait aux transmissions de propriété dans le droit commun de la France et
dans la combinaison de ces deux principes, elle trouva
une base solide et rationnelle à sa théorie du régime
hypothécaire et de la transmission de propriété. Analy-
sons donc rapidement le système de la loi de brumaire
qui a servi de nos jours encore de base au législateur de
1855.

Il repose tout entier sur ce double fondement : publicité de l'hypothèque et des transmissions entre-vifs de
biens susceptibles d'hypothèque. Nous ne parlerons ici
que de ce dernier objet de la loi qui rentre seul dans
l'historique de notre sujet. La loi de brumaire assujettit
à la transcription sur les registres du conservateur des
hypothèques dans l'arrondissement où les biens sont
situés, les actes translatifs de biens et droits susceptibles
d'hypothèque. Notons d'abord que ceci ne s'applique
qu'aux actes entre-vifs : les transmissions par succession
légitime ou testament restent donc en dehors de notre
règle, la loi se conformant en cela aux coutumes de nantissement qui ne s'appliquaient qu'aux transmissions
entre-vifs. De plus, la transcription n'est requise que
pour les actes translatifs de droits susceptibles d'hypothèque. Or, aux termes de l'article 6 : sont seuls susceptibles d'hypothèque : 1° les biens territoriaux transmissibles , ensemble leurs accessoires inhérents ;
2° l'usufruit, ainsi que la jouissance à titre d'emphytéose des mêmes biens pour le temps de leur durée.
Ne sont pas compris dans cette énumération et par suite
ne sont pas assujettis à la publicité les droits d'usage et
d'habitation, les servitudes, l'antichrèse. Ce sont là ce—

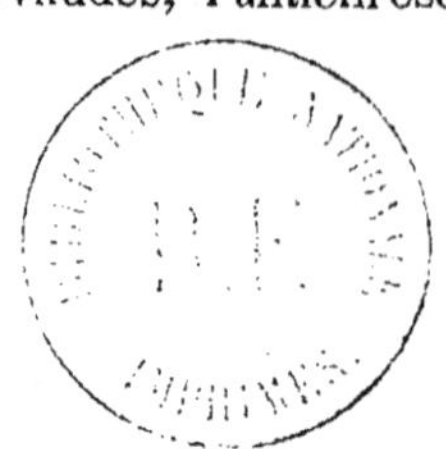

pendant des charges qui grèvent les immeubles, qui sont
de nature à en diminuer considérablement la valeur
pour le propriétaire et que par suite tout acquéreur est
intéressé à connaître. Mais la loi de brumaire était avant
tout une loi hypothécaire. Elle songeait principalement à
donner sécurité aux acquéreurs d'hypothèque et on
conçoit aisément qu'elle n'aurait point atteint son but si
elle eût négligé de rendre publiques les transmissions de
propriété, car s'il est utile au créancier hypothécaire de
connaître les hypothèques antérieures qui grèvent l'immeuble qu'on lui donne en garantie, il lui est encore
plus utile de savoir si cet immeuble n'a pas cessé d'appartenir à son débiteur. Quant aux biens non susceptibles
d'hypothèque, ils échappèrent aux prescriptions de la loi
de brumaire, l'intérêt des acquéreurs d'hypothèque
n'étant plus en jeu pour commander ici l'application du
principe de la publicité. Nous verrons plus tard que la
loi du 23 mars 1855 a comblé cette lacune regret-
table.

La formalité de la transcription étant ainsi appliquée
à toute la France, quels étaient ses effets ? ou plutôt quel
était l'effet du défaut d'accomplissement de cette formalité dans le système de la loi de brumaire ? Était-ce
un obstacle à la transmission de propriété à l'égard de
tous, ainsi que le décidaient autrefois les coutumes de
nantissement et la loi de 1790, calquée sur ces coutumes ? ou bien la loi distinguait-elle les rapports des
parties entre elles de leurs rapports avec les tiers ? Un
point à remarquer, c'est que, entre les parties, la transmission de propriété s'opère par la seule force du consentement et sans la nécessité d'une tradition réelle ou
fictive. Ceci a été contesté ; mais l'opinion généralement
admise est que la loi de brumaire an vii n'a pas maintenu

la théorie de l'ancien droit sur la tradition. Pouvait-il en être autrement, quand nous voyons, dès la fin du xvi⁰ siècle, des esprits hardis attaquer dans sa légitimité le principe même de la tradition et démontrer que la volonté des parties devait être suffisante pour transférer la propriété? De son côté, la pratique avait rendu la tradition illusoire en la faisant consister dans une clause du contrat. Comment croire dès lors que le législateur de brumaire, imbu de doctrines spiritualistes, n'ait point entendu se dégager d'une formalité devenue inutile et sans objet. Cela résulte d'ailleurs d'une déclaration très-nette faite dans le rapport de la loi, au conseil des Cinq-Cents : la mutation, y est-il dit, en ce qui concerne le vendeur et l'acheteur, est parfaite par le seul consentement mutuel. Ainsi donc, le principe rationnel qui fait du consentement seul la condition des aliénations est définitivement entré dans notre droit et nous le retrouverons bientôt reproduit par le Code de 1804, d'une façon bien timide, il est vrai, mais qui ne peut laisser de doute sur le résultat : la première face du problème, simplification dans les rapports des parties entre elles, se trouve donc résolue. Quant à la seconde, elle trouve aussi sa solution dans la loi de brumaire, par la publicité des transmissions et une sanction sérieuse de cette publicité.

En effet la propriété n'est transférée à l'égard des tiers que par la formalité de la transcription. Jusque-là, la transmission ne peut leur être opposée : l'acheteur n'est pas devenu propriétaire, le vendeur n'a pas cessé de l'être. Un second acquéreur n'a donc plus rien à craindre d'une aliénation précédemment consentie mais non rendue publique, car, s'il a lui-même consolidé son droit par la publicité, il triomphera envers et contre tous.

Mais quels sont les tiers auxquels le défaut de transcription rend l'acte non opposable ? L'article 26, in fine, répond à cette question. Ce sont « tous ceux qui auraient contracté avec le vendeur et qui se seraient conformés aux dispositions de la présente loi ». Ce qui comprend tous ceux qui ont acquis du chef de l'aliénateur des droits assujettis à la publicité par la loi de brumaire et qui ont rempli toutes les conditions de publicité prescrites par cette loi. Ce point a cependant soulevé quelques difficultés, sous l'empire de la loi de brumaire. Quelques auteurs soutiennent que la loi, ayant été une loi hypothécaire, n'avait dû comprendre sous le nom de tiers que les créanciers hypothécaires du vendeur inscrits avant la transcription du contrat d'aliénation et non un second acquéreur. Cette interprétation fut rejetée avec raison par un arrêt du tribunal de cassation, en date de l'an x. Les termes généraux de l'article 26 ne permettent en effet aucune distinction.

En résumé, transmission s'opérant par le seul consentement entre les parties et subordonnée à l'égard des tiers à la formalité de la transcription, tel fut le système de la loi de brumaire, qui fut en vigueur jusqu'à la promulgation du Code civil en 1804.

§ V. — CODE CIVIL. — CODE DE PROCÉDURE.

1° — Transmission de la propriété entre les parties.

Le principe que la propriété ne peut être transférée que par la tradition, principe déjà si affaibli par la pratique de notre ancien droit et qui nous a paru implicitement abandonné par la loi de brumaire, est également rejeté par les rédacteurs du Code, mais d'une façon

détournée et comme à leur insu. Rien n'est plus singulier que la manière dont se trouve formulée dans le Code
la théorie de la transmission de propriété. Elle a donné
lieu à un grand nombre d'articles énigmatiques et souvent contradictoires au moins en apparence. Il me suffirait de citer les articles 711, 938, 1138, 1303, 1867.
Recherchons donc quelle a été sur ce point la pensée du
législateur de 1804 et voyons comment son système
peut se dégager des formules amphibologiques dans lesquelles il est déposé. C'est d'abord l'article 711, ainsi
conçu : « La propriété des biens s'acquiert et se transmet
par succession, par donations entre vifs ou testamentaire
et *par l'effet des obligations.* » Ainsi ce dernier mode
est mis sur la même ligne que la succession légitime ou
testamentaire, qui transfère directement et de plein droit
la propriété. C'est ensuite l'article 938, au titre des
Donations : « La donation dûment acceptée sera parfaite
par le seul consentement des parties, et la propriété des
objets donnés sera transférée au donataire, sans qu'il
soit besoin d'autre tradition. » Le Projet était plus explicite encore sur ce dernier article. Il portait en effet
ces mots : « Sans qu'il soit besoin d'autre tradition que
celle qui résulte du consentement, » expressions qui
furent retranchées comme formant pléonasme avec le
commencement de l'article. Enfin l'article 1138, au titre
des contrats, le siége de la matière, nous dit encore :
« L'obligation de livrer la chose est parfaite par le seul
consentement des parties contractantes. *Elle rend le
créancier propriétaire* et met la chose à ses risques, dès
l'instant où elle a dû être livrée, encore que la tradition
n'en ait point été faite... » et l'article 1583, au titre de
la vente, s'exprime à peu près dans les mêmes termes :
« Elle (la vente) est parfaite entre les parties et la pro—

priété est acquise de droit à l'acheteur à l'égard du vendeur, dès qu'on est convenu de la chose et du prix,
quoique la chose n'ait pas encore été livrée ni le prix
payé. » Que ressort-il de tous ces textes ? Incontestablement ceci : c'est que d'abord la tradition réelle n'est pas
nécessaire pour transférer la propriété. Bien plus, une
manifestation expresse de volonté, clause de dessaisine-
saisine ou autre, n'est plus exigée, ou du moins la loi la
sous-entend toujours de plein droit. Telle est en deux
mots la théorie du Code. On le voit, sa réforme est bien
timide et se réduit à bien peu de chose, si l'on considère
ce qui était déjà admis dans notre ancien droit.

Les législateurs de 1804, praticiens imbus des ma-
ximes de la jurisprudence ancienne, ne s'élèvent pas jusqu'aux innovations théoriques que proposaient dès le
xviie siècle Grotius et les théoriciens du droit naturel.
Ils constatent un état de fait, bien plus qu'ils ne créent
un état de droit nouveau. Laissant subsister théorique-
ment la nécessité de la tradition pour transférer la propriété, ils l'anéantissent en fait, en la faisant toujours
résulter du contrat lui-même, qui devient ainsi par sa
seule force translatif de propriété. C'est là ce qui ressort
des Travaux préparatoires et de toutes les déclarations
faites par les orateurs dans la discussion : « C'est le consentement qui rend parfaite l'obligation de livrer, disait
Bigot-Préameneu ; il n'est donc pas besoin de tradition
réelle pour que le créancier doive être considéré comme
propriétaire. » Et Portalis était encore plus explicite :
« Il s'opère par le contrat, disait-il, une sorte de *tradition civile*, qui consomme le transport des droits et qui
nous donne action pour forcer la tradition réelle. »

C'est là ce qui ressort surtout des textes que nous
avons cités plus haut et des formules ambiguës que le

législateur y emploie. Et d'abord l'article 711 nous dit que la propriété est transférée par l'*effet des obligations*. Est-ce bien par l'effet de l'obligation ? N'est-ce pas plutôt par l'effet de la convention que la propriété va se déplacer ? La translation de propriété et la naissance des obligations sont deux effets simultanés de la convention et l'une n'est pas la cause de l'autre. Ici, comme dans d'autres articles, les rédacteurs du Code ont parlé le langage de l'ancien droit. La propriété est transférée par l'effet de l'obligation, c'est-à-dire par la tradition réelle ou supposée qui est le résultat final auquel aboutit toujours l'obligation de transférer la propriété.

L'article 938, in fine, révèle également la tendance des rédacteurs à ne pas se dégager de l'idée d'une tradition fictive ou sous-entendue : « La propriété sera transférée, sans qu'il soit besoin *d'autre tradition.* » Il y a donc une certaine tradition qui est nécessaire pour opérer la transmission, c'est celle qui, dans la pensée des rédacteurs et aux termes même du projet, résulte du simple consentement.

Enfin l'article 1138, si obscur et si embarrassé dans sa rédaction, s'explique aisément si l'on part de cette idée que la propriété est aujourd'hui encore transférée par une tradition consensuelle que la loi dispense d'une manifestation expresse. Cependant ce n'est pas là un point de vue universellement admis, et les commentateurs ne sont pas d'accord sur la manière d'interpréter ce texte. Selon des auteurs, la première proposition de l'article : « L'obligation de livrer la chose est parfaite par le seul consentement » devrait s'entendre en ce sens que l'obligation de *dare*, de transférer la propriété, serait parfaite, c'est-à-dire *formée*, engendrée par le seul accord des volontés et sans l'intervention d'aucune solennité : *solus consensus obligat.* Ce premier alinéa ne serait donc que la consécration d'une règle ancienne. Mais l'innovation se trouverait dans le second : « Elle (l'obligation de donner) rend le créancier propriétaire dès l'instant où la chose a dû être livrée. » Ici encore on en est réduit dans cette interprétation, à faire subir au texte plusieurs changements. D'abord, dit-on, ce qui rend le créancier propriétaire, c'est la *convention* et non l'obligation de donner, car la transmission de propriété est la conséquence d'une convention et non d'une obligation. Enfin ces derniers mots du texte, *dès l'instant où elle a dû être livrée* doivent être entendus en ce sens : *dès l'instant où est née l'obligation de donner.* A l'aide de ces légères modifications, on donne à l'article un sens satisfaisant. Telle est la première interprétation.

La seconde interprétation se plaçant au point de vue que nous avons adopté plus haut et par lequel nous avons déjà expliqué les articles 711 et 938 n'a pas besoin de changer les termes de l'article pour l'expliquer. Elle maintient d'abord ces mots : « L'obligation de livrer », c'est-à-dire l'obligation de faire tradition. Cela est commandé par l'article 1136 qui dit que l'obligation de donner une chose emporte celle de la livrer et de la conserver jusqu'à la livraison et par l'article 1137 qui parle ensuite de l'obligation de conserver la chose. — « Est parfaite » c'est-à-dire est *accomplie, exécutée* par le seul consentement des parties contractantes. Ainsi, dans la pensée des rédacteurs du Code, et aux termes mêmes de l'art. 1138, la convention de donner crée l'obligation de faire la tradition qui seule peut transférer la propriété, mais cette tradition est toujours réputée accomplie au moment même du contrat. Cette tradition fictive ou sous-entendue rend donc dès à présent le créancier propriétaire, sans qu'on se préoccupe de la tradition réelle, laquelle pourra n'être accomplie que plus tard. Telle est, je crois, la singulière filière d'idées par laquelle sont passés les rédacteurs du Code dans l'article 1138. Les termes de l'article, rapprochés de l'historique de notre question, ne peuvent laisser aucun doute sur ce point. D'ailleurs quelle que soit l'interprétation que l'on donne de l'article 1138, ce n'est là qu'une controverse purement doctrinale. Tout le monde est d'accord sur la portée de cet article et sur la théorie générale du Code, en matière de transmissions de propriété. Quelle qu'ait été la marche suivie par notre législateur, qu'il ait eu la pensée de créer un système nouveau, ou bien, comme semblent l'attester les travaux préparatoires et la rédaction des articles relatifs à notre matière, qu'il n'ait eu en vue que d'étendre et de compléter un système déjà entré depuis longtemps dans la pratique et dans les mœurs, le résultat auquel il a abouti n'en est pas moins certain : c'est la transmission de la propriété par la seule force du consentement. Tel est aujourd'hui encore le principe fondamental qui, dans notre droit, préside à la transmission de propriété entre les parties.

Au reste, les rédacteurs du Code eux-mêmes, dominés par les souvenirs d'une pratique ancienne, paraissent en plus d'un point, avoir oublié la théorie qu'ils avaient posée dans l'article 1138. C'est là, je crois, la seule explication que l'on puisse donner de l'article 1303 : Lorsqu'une chose est perdue sans la faute du débiteur, il est tenu, s'il a quelques droits ou actions en indemnité par rapport à cette chose, de les céder à son créancier. Comment comprendre que dans une législation où la propriété est transférée par le seul consentement, l'action en indemnité, à raison de la perte de la chose, puisse naître

dans la personne du débiteur et non dans celle du créancier devenu propriétaire ? C'est là évidemment un vestige d'une théorie abandonnée, reproduit par inadvertance dans notre loi. Enfin l'article 1867, au titre des
Sociétés, qui est cependant, il faut le reconnaître, susceptible de recevoir des applications même dans la théorie
actuelle, ne serait-il pas aussi une anomalie due à une inat-
tention du législateur ? Ou faut-il dire que cet article est
formulé en vue des hypothèses assez exceptionnelles où
la propriété n'est pas transférée par le seul consentement ? C'est ce que je n'oserais affirmer.

Nous noterons à ce propos, avant de terminer, que le
principe de la transmission par le seul accord des volontés n'est pas sans exceptions. En effet, ce principe ne
reçoit pas application dans le cas d'aliénation d'un corps
certain appartenant à autrui — dans le cas où les parties
ont renvoyé à une époque ultérieure la mutation de propriété — dans le cas enfin d'aliénation d'une chose déterminée seulement *in genere*.

2° — *Transmission de la propriété à l'égard des tiers.*

I. — Nous venons de voir que, sous l'empire du
Code, la transmission de la propriété s'opère entre les
parties par le seul consentement. Ainsi par le seul effet
de la vente, l'acheteur est devenu propriétaire, le vendeur a cessé de l'être. Mais cette transmission s'est-elle
opérée *erga omnes* ? Sera t-elle opposable aux tiers,
par exemple à un second acheteur ou à un créancier
hypothécaire du vendeur postérieur à la vente ? Ne
faudra-t-il pas qu'une formalité de publicité vienne
révéler au public la mutation qui s'est produite pour la
lui rendre opposable ? En d'autres termes, le Code main-

tiendra-t-il le système de publicité organisé par la loi de brumaire ou bien reviendra-t-il au régime des transmissions occultes tel qu'il était pratiqué dans notre ancien droit ? Nous retrouvons toujours les deux aspects de la question : le premier a reçu, neus l'avons vu, sa solution définitive. Quelle sera la solution donnée au second par le Code ? Celui-ci passionna beaucoup plus le législateur de 1804. La transcription inaugurée par la loi de brumaire comptait de nombreux partisans ; mais elle avait aussi d'ardents adversaires. La question fut agitée pour la première fois au titre des donations, et là le maintien de la transcription fut décidé pour les donations entre-vifs et pour toutes les dispositions entre-vifs ou testamentaires établissant une substitution (a. 939 et 1069). Nous reviendrons dans notre troisième partie sur ces dispositions spéciales. Mais la lutte ne s'engagea véritablement qu'au titre des contrats sur l'art. 1138. Fallait-il appliquer la transcription aux transmissions à titre onéreux ? La commission de rédaction d'accord avec le conseil d'État et le Tribunat, proposa l'abrogation formelle de la transcription. Mais les partisans de la transcription se récrièrent. On ne parvint pas à se mettre d'accord. Et l'article 1140 eut pour objet d'ajourner aux titres de la vente et des hypothèques la solution de la question. Elle se posa de nouveau, au titre de la vente, sur l'article 1583. Là, nouvelle discussion et nouvel ajournement. L'article 1583 est ainsi rédigé : « Elle est parfaite *entre les parties* et la propriété est acquise de droit à l'acheteur *à l'égard du vendeur*....... etc. » La transmission à l'égard des tiers est donc encore réservée. On arriva enfin au titre des hypothèques. Il n'était dès lors plus possible de reculer. La section de législation au conseil d'État proposa deux articles ains conçus. Art. 91 : « Les actes translatifs de propriété qui n'ont pas été transcrits ne pourront être opposés aux tiers qui auraient contracté avec le vendeur et qui se seraient conformés aux dispositions de la présente. — Art. 92 : La simple transcription des titres translatifs de propriété sur le registre du conservateur ne purge pas les priviléges et hypothèques établis sur l'immeuble, il ne passe au nouveau propriétaire qu'avec les droits qui appartenaient au précédent, affecté des mêmes priviléges et hypothèques. » C'était au fond la reproduction des articles 26 et 28 de la loi de brumaire an vii et le maintien de la transcription. De là, grands débats au sein du conseil d'État sur l'admission de ces articles. Ils furent surtout combattus par MM. Tronchet et Maleville. Il n'est point juste, disait-on, que celui qui a dûment acheté et payé un immeuble et qui l'a possédé pendant de longues années puisse être dépouillé par un acheteur très-récent qui a eu la prudence de faire transcrire. La loi n'a pas besoin de venir au secours d'un second acheteur, car celui qui achète peut toujours exiger de son vendeur ses titres de propriété et vérifier la légitimité des droits qu'il acquiert. Enfin, ajoutait-on, cette disposition n'a été introduite dans la loi de brumaire que dans l'intérêt du fisc. Les partisans de la transcription, au nombre desquels M. Treilhard, faisaient observer que c'était organiser un système hypothécaire boîteux et imparfait que d'exiger la publicité des hypothèques, sans organiser en même temps la publicité des transmissions de propriété, car le créancier hypothécaire pourra bien savoir s'il est primé ou non par des créanciers antérieurs en date, mais on ne lui donnera point le moyen de connaître si l'immeuble hypothéqué est encore la propriété de son débiteur ou s'il a été aliéné par lui. Après une discussion assez confuse, le conseil vota une note dont le sens n'est pas de nature à jeter beaucoup de clarté sur le débat et qui est ainsi reproduite par M. Locré :

« Le conseil adopte en principe : 1° que la disposition de l'article 91 n'est pas applicable aux contrats de vente antérieurs à la loi du 11 brumaire.

2° Que la transcription du contrat ne transfère pas à l'acheteur la propriété, lorsque le vendeur n'était pas propriétaire.

Les deux articles sont renvoyés à la section pour les rédiger dans le sens des amendements proposés. »

Il semble bien résulter de là que la disposition de l'article 91, qui admettait la transcription, est adoptée en principe, puisqu'on le déclare inapplicable seulement aux contrats antérieurs à la loi de brumaire. Quand au 2° de la note, il indique simplement une modification à l'article 92. Si l'on se reporte à l'article 92, il y est dit, en effet, que la simple transcription du titre *ne purge pas les priviléges et hypothèques* établis sur l'immeuble, et que l'immeuble ne passe à l'acquéreur qu'affecté des mêmes priviléges et hypothèques, qui le grevaient du chef du précédent propriétaire. Ce qui semblerait impliquer par *à contrario* que la propriété elle-même est purgée par la transcription et que si le vendeur n'est pas propriétaire, la transcription paralysera désormais la revendication et éteindra les droits du véritable propriétaire. C'est pour empêcher cette interprétation de l'article 92, que sur la demande du consul Cambacérès, le 2° de la note est rédigé. Qu'advint-il en définitive de ce renvoi ? La section de législation supprima tout à fait l'article 91 du Projet et modifia ainsi l'article 92 : A ces mots : « il ne passe au nouveau propriétaire qu'avec les droits qui appartenaient au précédent propriétaire », elle substitua ceux-ci qui forment aujourd'hui le deuxième alinéa de l'article 2182 : « Le vendeur ne transmet à l'acquéreur que la propriété et les droits qu'il avait lui-même sur la chose vendue. » Le Projet ainsi modifié revint devant le conseil d'État où il fut adopté sans nouvelle discussion et voté plus tard par le Corps législatif. Comment ce salutaire principe de la transcription put-il disparaître ainsi de notre Code? Faut-il voir là, comme on l'a dit, un escamotage de la part des adversaires de la loi de brumaire, ou bien, la pensée du conseil d'État était-elle bien de repousser le système de cette loi? En présence de l'obscurité des travaux préparatoires et de l'insuffisance des procès-verbaux, il est difficile de se faire sur cette question une opinion certaine. Quoi qu'il en soit, le résultat était si inattendu et si peu expliqué que la controverse naquit aussitôt entre les jurisconsultes et que les partisans de la loi de brumaire s'efforcèrent de démontrer que, sous l'empire même du Code, la transcription était encore maintenue. Ils invoquaient en faveur de leur thèse le silence des travaux préparatoires et de la loi elle-même qui ne contenait aucune abrogation expresse ou tacite du système admis par la loi antérieure. Ils trouvaient même un argument dans les textes nombreux relatifs à la transcription que renferme le Code, textes inexplicables, disaient-ils, si on suppose l'abrogation de cette formalité en matière de transmission de propriété. Cette théorie ne prévalut point cependant dans la doctrine et la jurisprudence la rejeta constamment. Elle était en effet difficile à soutenir, en présence de la loi du 30 ventôse an xii, qui abroge les lois antérieures sur les matières faisant l'objet du Code civil et surtout en présence de la suppression de l'art. 91, qui consacrait le principe de la transcription.

La transcription n'était donc plus nécessaire, dans le système du Code, pour consommer les transmissions à l'égard des tiers. Mais est-ce à dire qu'elle n'eût dès lors plus d'application possible. Elle a conservé un certain nombre d'utilités même sous l'empire du Code : 1° Elle est nécessaire pour transférer la propriété à l'égard des tiers, en matière de donations. (A. 939.) 2° Elle reste nécessaire dans le même but, en matière de substitutions. (A. 1069.) 3° Elle conserve le privilége du vendeur. (A. 2108.) 4° Elle sert de point de départ pour la prescription de l'hypothèque au profit des tiers détenteurs. (A. 2180.) 5° Elle forme la première formalité de la procédure de purge. (A. 2181.) 6° Elle permet de requérir du conservateur un certificat valant purge à l'égard des hypothèques non mentionnées dans le certificat. (A. 2198.) Si l'on demande comment cette formalité de la transcription repoussée en principe se retrouve cependant maintenue dans un certain nombre de matières du Code, la réponse est bien simple : le législateur a ici, comme dans beaucoup d'autres cas, conservé par inadvertance les vestiges d'une théorie générale qu'il avait abrogée. En dehors de la matière des donations et des substitutions, la transcription dans le Code n'offre guère d'autre utilité et d'autre raison d'être que l'intérêt du fisc.

II. — Et cependant, malgré ces applications laissées à la transcription, le Trésor eut le premier à souffrir du nouveau système introduit par le Code. Le but principal de la transcription, celui de consommer à l'égard des tiers la transmission de propriété, ayant disparu de la loi, elle n'eut plus qu'une utilité secondaire qui diminua considérablement son application et par suite les revenus du Trésor. Ce fut la tendance de la régie à faire cesser cet état de choses, en rendant les transcriptions plus fréquentes, qui amena une réforme importante dans le système du Code, quelques années après sa promulgation. D'après le Code civil de 1804, les créanciers hypothécairesdu vendeur, qui ne s'étaient pas inscrits avant la vente de l'immeuble hypothèqué ne pouvaient pas s'inscrire après, disposition rigoureuse et injuste, quand la vente avait lieu fort peu de temps après la constitution d'hypothèque et que le créancier n'avait pas eu le temps de prendre inscription. Ce fut pour parer à cet inconvénient du système du Code civil que, sur les instances de la régie, l'article 834 du Code de procédure accorda aux créanciers hypothécaires antérieurs à la vente le droit de s'inscrire même après la vente et jusqu'à l'expiration d'un délai de quinzaine à compter de la transcription de l'acte de vente. C'était une atténuation heureuse du système du Code, dans l'intérêt des tiers, bien que l'initiative en fût due à l'administration des finances. Mais notons que cette innovation n'eut qu'une portée limitée. En effet la transcription n'était nécessaire que pour arrêter le cours des inscriptions du chef des créanciers hypothécaires *antérieurs à la vente*. Ce qui impliquait bien que dans le système du Code, la transcription n'était pas nécessaire pour opérer la translation de propriété à l'égard des tiers, puisque, même après le Code de procédure, le cours des inscriptions se trouvait déjà arrêté dès le moment même de la vente pour les créanciers hypothécaires postérieurs à cette date.

La loi de finances de 1816 donna plus complétement encore satisfaction aux intérêts du fisc, en exigeant d'une manière générale la perception des droits de transcription alors même que la formalité ne serait pas remplie. Ainsi pour la vente, le droit de mutation est de 4 °/₀; le droit proportionnel de transcription est de 1,50 °/₀. La loi de 1816 décida que le droit de mutation serait désormais de 5 50 °/₀, le droit de transcription étant perçu ainsi au moment de l'enregistrement et confondu avec le droit de mutation.

DEUXIÈME PARTIE

TRANSMISSION A TITRE ONÉREUX

Le système du Code, d'après lequel la transmission à titre onéreux de la propriété immobilière s'opère à l'égard de tous sans que rien vienne révéler au public la mutation qui vient de se produire, était un retour à la clandestinité de notre ancien droit et même un pas en arrière eu égard au système des pays de nantissement et à la loi de brumaire an vii. Le Code avait eu raison en proclamant le principe de la transmission de propriété, par la seule force du consentement ; mais il avait le tort de ne point donner aux exigences du crédit une satisfaction que ce système même rendait plus nécessaire. Aussi la théorie du Code ne tarda-t-elle pas à être l'objet de vives attaques que les abus de la pratique vinrent bientôt justifier. Passons en revue quelques-unes de ses conséquences et nous verrons aisément combien ce système était dangereux.

Une personne se présente pour acheter un immeuble ; elle vérifie les titres de propriété ; les trouvant en règle, elle achète, fait la purge des hypothèques et paie ensuite son prix. Elle se croit dès lors propriétaire paisible. Mais voilà qu'un acquéreur précédent se présente qui a fait enregistrer son titre. La question de priorité se ré—

duisant à une question de date certaine, le premier acquéreur évince le second, qui était cependant de bonne foi et qui n'a eu aucun moyen de connaître l'aliénation antérieure faite par son vendeur. On peut supposer même qu'aucun changement matériel ne se produit dans l'état des choses. Le vendeur a pu en effet se réserver l'usufruit de la chose vendue ; il reste en possession ; les tiers ont tout lieu de le croire propriétaire ; s'ils traitent avec lui et paient leur prix se croyant en sécurité, ils sont trompés sans que rien ait pu les mettre en garde contre le piége qu'on leur a tendu. Ce qui était vrai de la propriété l'était également des démembrements de la propriété, tels que les servitudes non apparentes. L'acheteur ne recevait dans ce cas qu'une propriété démembrée au lieu de la propriété pleine qu'il avait entendu acquérir.

Les mêmes dangers se présentaient aussi dans les ventes sur expropriation forcée. Un acheteur sur saisie immobilière, bien qu'il eût acquis en justice et comme sous la sauvegarde de l'autorité judiciaire, n'avait pas plus de garanties que l'acheteur sur vente volontaire, car, aux termes de l'article 713 du Code de procédure, l'adjudicataire n'acquiert pas plus de droits que n'en avait le saisi et celui-ci a pu être dépouillé par une vente restée secrète.

Enfin le prêteur le plus prudent, celui-là même qui se faisait constituer une hypothèque, n'avait pas plus de sécurité que l'acquéreur de la propriété. C'est ici surtout qu'éclatait l'étrangeté du système du Code, car, par une singulière inconséquence, la loi lui permettait de connaître les hypothèques antérieures qui pouvaient restreindre ou anéantir son droit ; mais elle ne lui donnait aucun moyen de savoir si le débiteur était encore pro-

propriétaire de l'immeuble sur lequel devait être établie cette hypothèque. Le prêteur était sûr que son droit ne pouvait être annihilé par une constitution d'hypothèque antérieure, mais il ignorait s'il ne pouvait pas l'être par une aliénation de la pleine propriété ou par une constitution de servitude ou par un bail de longue durée et par le paiement anticipé d'un certain nombre de fermages.

Et non-seulement la théorie montra que ces fraudes étaient possibles, mais la pratique les signala et de nombreuses décisions des tribunaux intervinrent qui firent ressortir les vices du système et l'impuissance de la jurisprudence à y remédier. Le remède tout trouvé et que le Code avait si imprudemment rejeté s'imposait dès lors au législateur et le régime de la publicité était réclamé à plusieurs reprises par les jurisconsultes et les économistes. Le gouvernement se décida enfin à proposer cette réforme et, en 1841, il consulta à cet effet les cours et les facultés de droit du royaume. Vingt-deux cours sur vingt-sept, sept facultés de droit sur neuf, au nombre desquelles la Faculté de Paris, se prononcèrent pour le rétablissement de la transcription. Le projet de réforme ne reçut pas cependant d'exécution sous ce gouvernement. Il ne fut repris qu'en 1849 et dans le cours des années 1850 et 1851. L'Assemblée législative, d'accord avec le Gouvernement et le conseil d'État, s'occupa d'un projet qui rétablissait la transcription en matière de transmission de propriété et de constitution de droits réels. La loi parvint même jusqu'à la troisième lecture. Les événements politiques vinrent en empêcher le vote définitif et la réforme se trouva encore ajournée. Mais une circonstance, assez étrangère au premier abord à la question qui nous occupe, avait attiré de nouveau l'attention des jurisconsultes et surtout des économistes sur

8

le problème de la transmission de propriété. L'idée des sociétés de Crédit foncier, sur lesquelles on fondait les plus belles espérances, commençait à pénétrer en France. Or ces associations ou établissements destinés à fournir le crédit au petit propriétaire ne pouvaient ni se former ni rendre les services qu'on en attendait, sous un régime hypothécaire qui ne donnait pas aux prêteurs une sécurité complète et l'assurance du remboursement. Le meilleur moyen de favoriser et de développer cette institution nouvelle était donc d'introduire d'utiles réformes dans le régime hypothécaire. C'est par cette filière d'idées que l'on fut ramené à la question du rétablissement de la publicité, en matière de transmissions immobilières. C'est par ce point de vue positif et pratique et, je dirai presque, par ce petit côté, que la transcription est rentrée dans notre droit. Et cela est si vrai que, de l'aveu même de l'exposé des motifs, le législateur de 1855 avait d'abord songé à ne faire profiter de la réforme que les sociétés de Crédit foncier, de telle sorte que les actes non transcrits n'auraient pas été opposables à ces sociétés, mais auraient continué de l'être à tous les autres créanciers ou tiers-acquéreurs. Il était facile de voir quelle eût été l'insuffisance d'un pareil projet. Aussi lui donna-t-on la portée générale que devait avoir une loi destinée à compléter le Code civil. Le projet rédigé par le conseil d'État dès l'année 1853 fut voté par le Corps législatif le 17 janvier 1855 et sanctionné le 23 mars de la même année. C'est cette loi, une des plus importantes rendues depuis le Code dans l'ordre du droit privé, qui est la dernière étape de ce long historique que nous venons de retracer. Nous devons donc l'étudier maintenant au point de vue des transmissions de propriété.

LOI DU 23 MARS 1855.

Avant d'entrer dans aucun détail, jetons un coup d'œil sur l'ensemble de la loi et sur l'esprit qui a inspiré le législateur de 1855.

Il est parti de cette idée qu'il fallait mettre à jour l'état de la propriété foncière, rendre publiques ses modifications afin d'éviter les surprises et les fraudes dont la possibilité seule est une cause de ruine pour le crédit. Le moyen, c'est la transcription ; la sanction du défaut de transcription consiste à rendre ces modifications non opposables à ceux qui ont acquis des droits réels du chef de l'aliénateur et qui ont eux-mêmes consolidé leur droit par la publicité. Enfin ne séparant pas ces deux questions qui ont entre elles une si grande affinité, une transmission régulière de la propriété et un bon régime hypothécaire, la loi de 1855 a complété et perfectionné la publicité des priviléges et hypothèques. Tel est l'esprit et le but de la loi.

A cet effet, la loi de 1855 assujettit d'abord à transcription tous actes entre-vifs contenant établissement, transmission ou abandon de droits réels immobiliers susceptibles ou non d'hypothèques (A. 1 et 2). C'est là une heureuse innovation et une extension de la loi de brumaire. La publicité n'est pas moins nécessaire pour un droit non susceptible d'hypothèque que pour un droit susceptible d'hypothèque et tout acquéreur de droit réel mérite également d'être protégé. Nous verrons cependant qu'il n'en est pas tout à fait ainsi, même sous la loi de 1855.

En l'absence de transcription, l'acte, bien que produisant tous ses effets entre les parties, n'est pas opposable aux tiers, c'est-à-dire à ceux qui ont eux-mêmes acquis des droits réels sur la chose du chef de l'aliéna- teur et qui les ont conservés en les rendant publics (A. 3). Le principe de l'article 1138 est d'ailleurs main- tenu et la loi distingue les rapports des parties entre elles de leurs rapports avec les tiers.

En vue d'assurer plus complétement encore la publi- cité, en matière de propriété foncière, la loi exige, mais par une formalité spéciale et sans y attacher la sanction de la nullité à l'égard des tiers, de rendre publics les jugements prononçant résolution, nullité ou rescision des actes assujettis à transcription (A. 4).

S'occupant ensuite plus spécialement de la publicité dans le régime hypothécaire, le législateur de 1855 fait application aux priviléges et hypothèques du principe qu'il a posé dans l'article 3. L'aliénateur étant dessaisi à l'égard des tiers non plus par la convention mais seule- ment par la transcription, les créanciers ayant hypo- thèque ou privilége peuvent s'inscrire utilement non plus seulement jusqu'à l'aliénation comme sous le Code, mais encore jusqu'à la transcription. Par là se trouve abrogé l'article 834 du Code de Procédure qui permet- tait aux créanciers hypothécaires de s'inscrire utilement dans la quinzaine à compter de la transcription. Aujour- d'hui c'est la loi elle-même et non la transcription qui interpelle le créancier d'avoir à rendre son droit public. Il n'est pas besoin d'autre mise en demeure. — Par ex- ception, le vendeur et le copartageant peuvent inscrire les priviléges à eux conférés par les articles 2108 et 2109, même après la transcription de la revente, s'il ne s'est pas écoulé 45 jours depuis la vente primitive ou le partage (A. 6). Quant à l'action résolutoire du vendeur l'art. 7 ne veut pas qu'elle survive au privilége, Il y aurait en effet inconséquence à lui laisser l'exercice de l'action en résolution, tandis qu'on le déclare déchu de son privilége.

La loi de 1855 donne encore une satisfaction de plus au principe de la publicité des hypothèques, dans l'article 8 ; Il y avait en effet certaines hypothèques légales, celles de la femme mariée, du mineur et de l'interdit qui étaient absolument dispensées de toute publicité, sous l'empire du Code. Pour parer au danger de la clandestinité, sans compromettre l'intérêt de personnes essentiellement favorables, elle décide que désormais la veuve, le mineur devenu majeur, l'interdit relevé de l'interdiction, leurs héritiers ou ayant-cause seront obligés de faire inscrire leur hypothèque légale dans l'année qui suit la dissolution du mariage ou la cessation de la tutelle, sous peine de voir cette hypothèque ne dater que du jour de l'inscription.

Par un motif analogue, l'article 9 ordonne la publicité des subrogations et renonciations à l'hypothèque légale de la femme mariée.

Enfin la loi de 1855 déclare qu'il n'est en rien dérogé aux dispositions du Code en ce qui concerne la transcription des actes portant donation ou substitution. Nous verrons plus tard l'intérêt de la question et les difficultés qu'elle soulève.

Tel est l'ensemble de la loi de 1855. De toutes ces dispositions, nous ne retiendrons pour les étudier que celles qui sont relatives à la publicité des transmissions de propriété et nous laisserons de côté tout ce qui, se rattachant plus particulièrement au régime hypothécaire, ne rentre point dans les limites de notre sujet.

Nous examinerons dans cette deuxième partie :

1° dans quels cas est éxigée la formalité de la transcription ; 2° comment elle s'accomplit ; 3° quels sont les effets du défaut de transcription.

CHAPITRE PREMIER

Dans quels cas il y a lieu à transcription.

Les articles 1 et 2 de la loi de 1855 répondent à cette question. Ils soumettent à la transcription certains actes et certains jugements. Nous diviserons donc notre chapitre en deux sections : l'une relative aux actes assujettis à transcription, l'autre aux jugements.

SECTION PREMIÈRE

Actes soumis à la transcription.

Sont assujettis à transcription tous actes entre-vifs ayant pour objet l'établissement, la transmission ou l'abandon de droits réels immobiliers. Telle est la formule générale dont nous devons d'abord expliquer les termes : ce sera l'objet du § 1er. Nous examinerons ensuite dans le § 2 un certain nombre d'applications de cette formule, les principaux actes qui doivent certainement être transcrits et ceux au sujet desquels il y a controverse.

§ I.

I. — Doivent être transcrits tous *actes entre-vifs*. Sont donc dispensées de la transcription les dévolutions par décès : ce qui comprend la transmission par succession légitime ou testamentaire. La première a été soustraite à la règle générale de la publicité, sans que cette exception ait soulevé de vives controverses. On a dit en effet pour la justifier qu'il n'était pas possible d'appliquer ici le principe de la transcription, sans porter atteinte à la vieille maxime : « Le mort saisit le vif » et à la continuation de la personne du défunt par l'héritier. D'ailleurs, ajoute-t-on, le décès emporte avec lui une certaine notoriété qui ferait de la transcription une formalité superflue et amènerait un surcroît de frais sans utilité sérieuse pour personne. Enfin, dit-on, les inconvénients qui résultent de la clandestinité des transmissions entre-vifs ne peuvent guère se produire ici, puisque les héritiers doivent respecter les actes faits par le défunt de son vivant et que, quant à l'avenir, il n'y a plus rien à craindre du défunt lui-même. Notons cependant que le projet présenté à l'Assemblée législative en 1849 n'exceptait pas du régime de la publicité les successions *ab intestat* et qu'elle imposait aux receveurs de l'enregistrement à qui les déclarations de succession *ab intestat* étaient faites l'obligation d'en donner connaissance au conservateur dans le ressort duquel étaient situés les immeubles de la succession, afin que celui-ci en fît mention sur le registre des transcriptions. Cette décision fut d'ailleurs rejetée dès cette époque par l'Assemblée légis-

lative. Le législateur de 1855 a suivi les mêmes errements.

La controverse a été beaucoup plus vive sur le second
cas de transmission par décès, la succession testamentaire. Fallait-il soumettre le testament à la formalité de la
transcription ? Des raisons très-sérieuses étaient données
ici en faveur du système de la publicité. Le danger de la
clandestinité en cette matière est évident. Supposons en
effet un héritier légitime, en possession de la succession
et qui passe aux yeux du public pour propriétaire des
biens laissés par le défunt ; il consent en cette qualité,
des aliénations, des constitutions de servitude ou d'hypothèque à des tiers qui se mettent en règle et se croient
dès lors à l'abri de toute atteinte. Tout à coup un testament est produit par un légataire inconnu jusque-là. Les
droits de l'héritier légitime tombent et avec eux tous ceux
qu'il a conférés à des tiers de bonne foi. La transcription
est donc aussi nécessaire en matière de succession testamentaire qu'en matière de transmission entre vifs.
Quant à la difficulté tirée de l'ancienne maxime : le mort
saisit le vif, il serait aisé d'y parer, en fixant, à partir du
décès, un délai dans lequel la transcription devrait avoir
lieu et en lui donnant alors un effet rétroactif au jour du
décès. A ces objections graves, on répondait que le légataire n'était pas partie au testament comme l'acquéreur à la vente, que la plupart du temps il ignorait l'existence d'un legs en sa faveur, que l'héritier se garderait
bien de le lui faire connaître avant l'expiration du délai
accordé pour transcrire et qu'en définitive le droit du
légataire et l'exécution des dernières volontés du testateur se trouveraient à la merci de l'héritier intéressé à
leur caducité. Ces considérations ont déterminé le législateur de 1855 à repousser la transcription des testaments.

II. — Doivent donc seuls être transcrits les actes entre-vifs. Nous avons ajouté : « ayant pour objet *l'établisse-ment, la transmission ou l'abandon* de droits réels immo-biliers. »

L'*établissement* de droits réels immobiliers : par exemple, la constitution d'un droit d'usufruit faite au profit d'un tiers par le propriétaire. Bien que l'article 1ᵉʳ, à la différence de l'art. 2, ne parle que d'actes translatifs, il est plus qu'évident que ces expressious comprennent aussi les actes constitutifs. Constituer un droit d'usufruit, c'est d'ailleurs transférer à un tiers une portion de son droit de propriété, le jus utendi et fruendi, et il n'y au-rait aucune espèce de raison pour soumettre à la trans-cription la cession faite par un usufruitier de son droit d'usufruit et soustraire à cette formalité la constitution d'usufruit faite par un propriétaire au profit d'une autre personne. Notons enfin que si l'usufruit est constitué par voie de *deductio*, en d'autres termes, s'il y a retenue d'usufruit de la part de l'aliénateur, c'est l'aliénation de la nue-propriété seule qui devra être transcrite, à la dili-gence de l'acquéreur et non la création du droit d'usufruit.

La *transmission* de droits réels immobiliers : ce qui exclut les partages de la nécessité de la transcription. Le droit romain ne voyant dans le partage que la réalité du fait, une acquisition et une aliénation pour chacune des parties, un échange, une cession réciproque de parts, le considérait comme translatif de propriété. Notre ancien droit, comme le droit français moderne, mu par des considérations d'équité et par le légitime in-térêt des héritiers, proclame le partage déclaratif et non translatif de propriété. Cette fiction, utile et équitable dans ses effets immédiats, a été ensuite poussée par le législa-teur jusqu'à ses dernières conséquences. C'est ainsi que la loi de brumaire an vii et, de nos jours, la loi de 1855 en ont déduit la dispense pour les partages de toute formalité de publicité. Le projet de loi soumis à l'Assemblée législative en 1849 n'exceptait point les partages de la nécessité de la transcription, et, en 1855, le projet présenté par le conseil d'État au Corps législatif était conçu dans le même esprit. Mais il échoua devant les résistances de la commission, résistances appuyées sur ces deux motifs principaux : le premier, que la rétroactivité et le caractère déclaratif sont la base des règles et des effets du partage et que exiger la transcription serait porter le trouble dans les dispositions du Code civil. Le second, que la transcription des partages n'offre d'intérêt qu'à l'égard des créanciers des héritiers et dans le cas où ils se sont inscrits avant que le partage ait été transcrit, Or ces créanciers ont un droit équivalent à celui qu'ils puiseraient dans la transcription ; ce droit résulte de l'article 882 du Code et consiste dans la faculté de former opposition à ce qu'il soit procédé au partage hors de leur présence. Le droit de considérer comme nul tout partage non transcrit ferait donc double emploi avec le droit d'opposition. — Nous examinerons peut-être avant la fin de cette étude, si ces raisons sont satisfaisantes et si l'exception faite au principe de la transcription en faveur des partages comme des mutations par décès n'est pas une lacune dangereuse dans une loi qui repose tout entière sur la publicité des transmissions.

L'*abandon* de droits réels immobiliers. On conçoit en effet que les tiers ne sont pas moins intéressés à connaître tout acte portant renonciation à un droit réel immobilier que tout acte translatif ou constitutif de ce même droit réel. De là, la nécessité de la transcription. Mais ce mot de renonciation dont se sert la loi n'est pas

sans présenter des difficultés dans l'application et il doit
être entendu avec discernement. Il ne comprend point certains actes qui, bien que portant dans notre Code même la
qualification de renonciations, ne sont, à vrai dire, que des
refus d'acquérir ou des déclarations du droit d'autrui. Il
n'y a lieu à transcription que pour l'abandon d'un droit
que l'on a eu et que l'on a abdiqué pour l'avenir. Je
ne citerai comme exemples que les renonciations à un
droit de mitoyenneté (a. 650), l'abandon fait par le propriétaire d'un fonds servant pour se soustraire aux obligations résultant de la servitude (a. 699), la renonciation
à une succession dans les termes particuliers de l'article
780. Au contraire, je dispenserai de la transcription la
renonciation à une succession en général, la renonciation
à une communauté. Ce sont là des actes par lesquels on
manque d'acquérir bien plus qu'on ne renonce à un droit
acquis. Nous reviendrons d'ailleurs sur quelques-unes
des difficultés pratiques que soulève cette distinction,
dans l'application.

La loi de 1855 (art. 2) étend la nécessité de la transcription aux renonciations portant sur des droits de ser—
vitude, d'usage et d'habitation. Pour les servitudes, cette
exigence est parfaitement justifiée. Mais comment comprendre qu'elle s'applique aux renonciations à un droit
d'usage ou d'habitation? Les droits de cette espèce ne
sont ni cessibles ni susceptibles d'hypothèque. Or si l'u-
sager ne peut ni les céder ni les hypothéquer, quel risque
peuvent courir les tiers et quel intérêt ont-ils à connaître
une renonciation à un droit dont le titulaire ne peut
disposer vis-à-vis d'eux. Il y a là un véritable non-sens,
une inadvertance du législateur qui ne peut s'expliquer
que par le désir de mettre une certaine symétrie entre la
rédaction des articles 1 et 2.

III. — « De *propriété immobilière ou de droits réels immobiliers.* » Reste à expliquer ces derniers mots de notre formule, Sous ces expressions générales de propriété immobilière, nous devons comprendre : 1° La propriété ordinaire, la pleine propriété d'un immeuble, la propriété du dessus et du dessous. — 2° La propriété superficiaire, c'est-à-dire la propriété du dessus seulement, telle que la propriété des divers étages d'une maison, sans celle du sol (a 664, C. civ.) ou la propriété d'une construction élevée sur un terrain du domaine public. — 3° La propriété acquise sous le sol ou les bâtiments d'autrui (a. 553). — 4° La propriété des mines concédées par le gouvernement, fut-ce même au propriétaire de la surface, la mine formant en effet une propriété immobilière distincte de celle de la surface.— 5° Les actions immobilisées de la Banque de France (décret du 16 janvier 1808). Nous ne parlons plus des actions des Canaux d'Orléans et du Loing qui ont été rachetées. Quant à ces actions, l'utilité de la transcription est évidente, puisqu'elles sont susceptibles d'hypothèque.

Que décider d'un acte par lequel un propriétaire vend soit une récolte de fruits pendante par branches ou par racines, soit une coupe de bois tenant encore au sol, soit une maison à démolir ? Cette cession doit-elle être transcrite ? La question revient à celle-ci : le droit cédé est-il mobilier ou immobilier? La jurisprudence décide avec raison que le droit est mobilier. L'objet du droit est en effet mobilier : car vendre des choses destinées à être détachées d'un immeuble auquel elles sont adhérentes, c'est les vendre dans les conditions où elles seront quand elles seront détachées, c'est en un mot vendre des meubles futurs. La loi elle-même a fait d'ailleurs l'application de cette idée. La loi du 22 frimaire an vii frappe ces ventes des mêmes droits que les ventes mobilières et la loi du 5 juin 1851 permet que les ventes publiques de cette nature soient faites indifféremment, comme les ventes mobilières elles-mêmes, par les notaires et par les commissaires-priseurs, huissiers, etc. La cession des droits mentionnés ci-dessus n'est donc pas assujettie à transcription.

Devons-nous comprendre aussi dans notre formule la propriété d'une construction élevée sur un immeuble par une personne autre que le propriétaire, par exemple par un fermier? Voici quelle me paraît devoir être la réponse. De deux choses l'une : ou le fermier ne s'était point fait autoriser à construire par le propriétaire, ou il avait obtenu son autorisation. Dans le premier cas, les constructions s'identifiant avec l'immeuble, le fermier n'est point propriétaire ; il ne peut les hypothéquer ni les aliéner ; il n'est donc pas question de transcription. Dans le second cas, en supposant d'ailleurs que le propriétaire n'ait pas constitué au profit du fermier un véritable droit de superficie, si le propriétaire prend pour lui les constructions à la fin du bail, en indemnisant le fermier de ses impenses, les constructions sont censées avoir toujours appartenu au propriétaire, le fermier n'aura jamais eu de droits sur elles ; que si le propriétaire le force à démolir les constructions, il n'aura jamais eu que la propriété des matériaux et par suite un droit mobilier. D'où il résulte que dans les deux cas, il ne peut être question de transcription en cas de cession des droits du fermier. Nous avons énuméré ainsi les biens immeubles par leur nature ou par la disposition de la loi.

Quant aux immeubles par destination, leur aliénation ne peut donner lieu à transcription, car dès qu'ils sont détachés de l'immeuble dont ils font partie, ils deviennent meubles et par suite ne sont pas assujettis à transcription.

Reste à parler des immeubles par l'objet auquel ils s'appliquent et notamment des actions immobilières tendant à revendiquer un immeuble. Ainsi par exemple, une cession d'action en revendication, en nullité ou en rescision doit-elle être transcrite ? L'affirmative n'est point douteuse. Ce serait pure subtilité de dire que ce qui est cédé dans l'espèce, ce n'est pas l'immeuble, mais l'action. Si l'on comprend en droit romain l'action distincte du droit, il serait impossible chez nous de faire cette distinction. L'action se confond forcément avec le droit et celui qui a une action pour recouvrer une chose est censé avoir cette chose même.

Voilà pour la propriété. Quant aux droits réels immobiliers dont la constitution ou la transmission donne lieu à transcription, citons en première ligne l'usufruit d'un immeuble. Mais l'article 1, 1°, en disant que les actes translatifs de droits réels susceptibles d'hypothèque doivent être transcrits semble supposer en outre qu'indépendamment du droit d'usufruit, il existe d'autres droits réels susceptibles d'hypothèque. L'article 2118 ne signale, il est vrai, que l'usufruit des immeubles ; mais l'article 6 de la loi de brumaire an vii y ajoutait la jouissance à titre d'emphytéose des mêmes biens pour le temps de leur durée. D'où nombre d'auteurs ont conclu que l'emphytéose était encore aujourd'hui un véritable droit réel, susceptible d'hypothèque, et dont la constitution ou la transmission devraient être transcrits comme l'usufruit lui-même. C'est là une question très-débattue dans notre droit. La jurisprudence, d'accord en cela avec bon nombre d'auteurs, a par des décisions cons-

tantes consacré la réalité du droit de l'emphytéote et
cette théorie a, pour ainsi dire, aujourd'hui dans la pratique la force d'un fait accompli. Néanmoins, de très-
bons esprits se refusent à reconnaître le maintien de
l'emphytéose comme droit réel. Le silence du Code sur
ce droit partout où il aurait eu occasion d'en faire mention, dans l'article 543, dans l'article 2118, ce dernier
comparé surtout à l'article 6 de la loi de brumaire, enfin
la ressemblance que pouvait présenter l'emphytéose
avec certaines institutions féodales, notamment le bail à
rente, sont des arguments puissants en faveur de son
abrogation. Dans cette opinion, le contrat d'emphytéose
n'est plus qu'un simple bail, à la vérité, d'une durée
plus longue que les baux ordinaires, mais ne conférant
au preneur qu'un droit de créance et par suite étant
soumis à toutes les règles du louage. Au reste, que l'on
adopte l'une ou l'autre de ces deux opinions sur la
nature du droit, le contrat constitutif d'emphytéose sera
assujetti à transcription, car l'emphytéose étant forcément d'une durée supérieure à 18 ans, doit toujours
être transcrite à titre de bail (Loi de 1855, article 2,
4°). Mais voici où est la différence entre les deux systèmes. Si on admet la réalité du droit, l'acte restera en
l'absence de transcription destitué de tout effet à l'égard
des tiers ; si on assimile l'emphytéose à un bail de plus
de 18 ans, il restera toujours opposable aux tiers pour
une durée de 18 années, bien qu'il ne puisse leur être
opposé pour une durée plus longue. Ajoutons que dans
la première opinion la cession de son droit que fera
l'emphytéote ne sera opposable aux tiers qu'autant
qu'elle aura été transcrite. Dans la seconde, au contraire, elle produira tous ses effets à l'égard de tous,
indépendamment de la transcription, pourvu qu'elle ait

été portée à la connaissance des tiers par une des formalités de l'article 1690, la notification faite au cédé ou l'acceptation de celui-ci dans un acte authentique.

La loi ne s'est pas bornée, du reste, à soumettre à transcription la transmission de droits réels susceptibles d'hypothèque. Plus complète en cela que la loi de brumaire, loi essentiellement hypothécaire, qui n'avait introduit le principe de la publicité que dans l'intérêt des créanciers hypothécaires et pour les biens susceptibles d'hypothèque, la loi de 1855 a compris qu'il importe à l'acquéreur de la propriété et même au créancier acquérant hypothèque sur un immeuble, de savoir si cet immeuble est déjà grevé de servitudes qui en diminuent la valeur et qu'il est aussi indispensable au crédit de rendre publique une aliénation partielle, un démembrement de la propriété qu'une aliénation de la propriété tout entière. C'est pour cela qu'après avoir dans l'article 1er soumis à la transcription les droits réels susceptibles d'hypothèque, la propriété et l'usufruit, elle a dans l'article 2 assujetti à la même formalité les constitutions de servitude, d'antichrèse, d'usage et d'habitation. Quant aux servitudes elles-mêmes, la loi ne fait aucune distinction, d'où nous concluons que toute servitude est également soumise à la formalité de la transcription. On a cependant soulevé une question sur le point de savoir si les servitudes apparentes ne peuvent être opposées aux tiers qu'autant qu'elles ont été transcrites. Ces servitudes portent en elles une publicité bien plus éclatante et bien plus complète que celle qui pourrait leur être donnée par la transcription. Qu'importe donc l'accomplissement de cette formalité ? Elle ne peut être que superflue et inutilement onéreuse pour les parties. Je ne crois pas cependant qu'en présence des termes généraux et absolus de l'article 2, cette distinction puisse être admise. On est encore plus porté à la rejeter, si l'on admet, comme nous essaierons de le démontrer, que la transcription, là où elle est requise, ne peut se suppléer par aucune espèce de publicité, et que la connaissance qu'on a de l'acte par tout autre mode ne peut couvrir et faire disparaître le vice résultant du défaut de transcription. Toute distinction me paraît donc arbitraire, et je crois que toute servitude devra être transcrite pour être opposable aux tiers, alors même qu'elle ait été connue ou qu'elle ait pu être connue d'eux. Nous ne ferons d'exception que pour les servitudes dérivant de la loi, qui n'ont pas besoin de recevoir une autre publicité légale que celle qui résulte de la loi elle-même.

§ II.

Nous avons expliqué les termes de notre formule générale. C'est la réponse à cette question : quelles sont les conditions requises pour qu'il y ait lieu à transcrip—tion. Il nous reste à étudier dans quels cas ces conditions se rencontrent, c'est-à-dire, quels sont les principaux actes qui, aux termes mêmes de cette formule, sont assujettis à transcription.

I. *Vente.* — Au premier rang se présente la vente d'immeubles. Si la vente est pure et simple, pas de dif—ficultés ; elle devra être transcrite. Mais elle sera souvent affectée d'une modalité, telle qu'une condition soit suspensive, soit résolutoire. Examinons successivement chacune de ces hypothèses.

Et d'abord supposons une vente *sous condition suspensive* : cette vente doit-elle être transcrite ? L'affirmative n'est pas douteuse. L'acheteur acquiert en effet ici un certain droit qui peut-être restera sans effets, mais qui n'en a pas moins une existence réelle, et qui, comptant dans son patrimoine, peut être protégé par des actes conservatoires ; un droit, susceptible d'hypothèque qui est ou tout au moins sera opposable aux tiers et que par suite les tiers ont intérêt à connaître. Peut-être ce droit s'évanouira-t-il par l'inaccomplissement de la condition ; dans ce cas, tous les droits conférés par l'acheteur tomberont. Si au contraire la condition se réalise, le droit de l'acheteur sera consolidé rétroactivement et avec lui tous les droits qu'il aura conférés sur la chose ; mais par contre, tous ceux qui auront été consentis par le vendeur seront rétroactivement résolus. Il importe donc aux tiers qui traiteraient avec le vendeur depuis la vente de connaître la nature conditionnelle de son droit. De là, la nécessité de la transcription : la vente ne sera rétroactivement opposable aux tiers que du jour où elle aura été transcrite.

De même si nous supposons que l'acheteur, la condition étant encore en suspens, vend son droit conditionnel, cette cession devra être transcrite. Il y a eu, en effet, transmission d'un droit susceptible d'hypothèque. Les tiers sont donc intéressés à la connaître.

On peut se demander, si, la condition s'accomplissant, une nouvelle transcription sera nécessaire pour prévenir les tiers de la réalisation de la condition et du transport définitif de la propriété. A première vue, l'affirmative paraît certaine, car comment les tiers pourront-ils apprendre lequel des deux, du vendeur ou de l'acheteur, est désormais propriétaire incommutable et si la condition qui affectait la vente est accomplie ou défaillie ? Il n'en est point cependant ainsi et nulle part dans la loi nous ne trouvons trace d'une pareille transcription. Ce sont là des faits que les tiers doivent chercher à connaître par des renseignements pris en dehors des registres du conservateur. L'existence d'une première transcription les avertit suffisamment de l'incertitude des droits de l'acheteur et des dangers qu'ils courent en traitant avec lui.

Tout ce que nous avons dit de la vente sous condition suspensive s'appliquerait également à la vente faite moyennant un prix laissé à l'arbitrage d'un tiers dont les parties conviennent (a. 1592), et qui n'est d'ailleurs qu'une vente conditionnelle. Il en serait également ainsi de la vente alternative qui se décompose en deux ventes conditionnelles, telles que l'accomplissement de la condition de l'une fasse défaillir la condition de l'autre. La transcription devrait ici encore avoir lieu aussitôt que la vente est conclue, pour que la rétroactivité de la condition soit opposable aux tiers. Quant à l'acte fixant le choix qui a été fait, il n'aurait plus besoin d'être transcrit.

Si nous passons maintenant à la vente sous condition *résolutoire*, nous voyons également que l'intérêt des tiers exige qu'elle soit assujettie à transcription, car il y a dès à présent transmission de propriété, et si la condition ne se réalise point, la propriété se trouvera consolidée sur la tête de l'acheteur. Tel est le cas de la vente à réméré. Notons toutefois qu'aucune transcription nouvelle ne sera nécessaire, lorsque la condition résolutoire s'accomplira. Les tiers pourront donc ignorer que l'acheteur a cessé rétroactivement d'être propriétaire, que le vendeur est considéré comme ayant toujours été propriétaire incommutable. C'est là un résultat d'autant plus singulier que ce fait serait porté à la connaissance du

public par une mention inscrite en marge de l'acte transcrit, si la résolution était prononcée en justice. On eût
pu ici aussi exiger la mention des parties, sous la seule
sanction d'une amende. La loi n'est pas allée jusque-là.
Elle a été déterminée uniquement par la logique et par
la théorie en matière de condition. Elle a d'ailleurs considéré que la transcription primitive serait un avertisse-
ment suffisant pour les tiers d'avoir à se mettre en garde
contre le danger d'une résolution.

Serait également assujettie à transcription la cession
faite par le vendeur de son action en résolution, nullité
ou rescision. Ainsi par exemple, lorsqu'un vendeur à réméré ou un vendeur investi du droit de faire annuler ou
rescinder une aliénation pour cause d'incapacité, de violence, de dol, d'erreur ou de lésion, cède son action à
une tierce personne, cette cession, si elle n'a été transcrite, reste comme non avenue et inexistante à l'égard des
tiers. En effet, l'acheteur ici étant propriétaire sous condition résolutoire, le vendeur est propriétaire sous condition suspensive ; il peut dès lors, pendente conditione,
hypothéquer ou aliéner son droit, tel qu'il se comporte.
Il importe donc que les tiers qui traitent avec lui puissent
connaître si la faculté de disposer conditionnellement de
l'immeuble existe encore ou n'existe plus dans sa personne. On pourrait objecter que le vendeur peut bien, il
est vrai, hypothéquer éventuellement l'immeuble, mais
qu'il ne s'ensuit point que l'action soit elle-même susceptible d'hypothèque. Or ce qui est cédé, c'est l'action
et non la propriété conditionnelle de l'immeuble. Nous
avons déjà répondu à cette objection, quand nous nous
sommes demandé si la cession d'une action réelle immobilière devait être transcrite. Pour nous, l'action qui
n'est que l'exercice du droit en justice ne saurait être

distinguée du droit lui-même et ne peut exister sans lui. Céder l'action, c'est céder le droit de propriété conditionnel que le vendeur a sur la chose vendue.

Nous avons vu que la vente pure et simple ou conditionnelle doit être transcrite. Que déciderons-nous maintenant des promesses de vente? Supposons d'abord la promesse synallagmatique de vendre et d'acheter. Une pareille convention est-elle translative de propriété et par suite est-elle assujétie à transcription, ou bien est-elle simplement productive d'obligations? « La promesse de vente, dit l'article 1589, vaut vente, lorsqu'il y a consentement réciproque des deux parties sur la chose et sur le prix. » Selon quelques auteurs, cette promesse synallagmatique ne serait pas l'équivalent d'une vraie vente. Elle ne transférerait pas notamment la propriété ; mais elle ferait naître de la part de chacune des parties l'obligation de conclure la vente à une époque ultérieure. Cette convention serait assimilée à la vente uniquement en ce point qu'elle donnerait à celle des parties qui voudrait obtenir la passation du contrat, non pas seulement le droit de demander des dommages-intérêts, mais encore d'obtenir que la justice déclarât la vente conclue, nonobstant le refus de la partie récalcitrante. Tel serait, selon ces auteurs, l'objet de l'article 1589. Je ne crois point que ce soit là le sens et la portée de ce texte qui a eu, selon moi pour but d'assimiler la promesse synallagmatique de vente à la vente. Or, aux termes de l'article 1583, la vente transfère aujourd'hui la propriété. Il doit donc en être de même de la promesse de vente. Si cette promesse, dans l'ancien droit, était simplement productive d'obligations, c'est que la vente elle-même ne produisait pas d'autres effets. La loi n'a d'ailleurs voulu faire ici qu'une interprétation de volonté : dans la pensée des parties, « je promets de vendre » est synonyme de : « je vends. » La conséquence est que la promesse de vendre doit être transcrite sans retard, afin d'être opposable aux tiers. Dans le système contraire, ce qu'il faudra transcrire, ce ne sera pas la promesse, mais seulement la réalisation de cette promesse, l'acte de vente qui interviendra plus tard et au moment où il interviendra. Si de la promesse synallagmatique de vendre, nous passons aux promesses unilatérales, nous voyons d'abord que la promesse unilatérale d'acheter non accompagnée de la promesse de vendre, ne faisant naître qu'une obligation de la part de l'acheteur reste en dehors du domaine de la transcription. Quant à la promesse unilatérale de vendre, non accompagnée de la promesse d'acheter, elle fait naître plus de difficultés. Je crois qu'il y a ici une véritable vente conditionnelle qui aura pour effet de transférer conditionnellement la propriété et qui par suite devra être transcrite. L'opération serait une vente pure et simple, si l'autre partie eût été décidée à s'obliger. Au lieu de cela, elle accepte la promesse du vendeur, elle prend acte de son consentement, tout en réservant le sien propre. Il y a donc une vente véritable, puisque le concours des volontes existe pour la former, mais conditionnelle, puisqu'elle est subordonnée à la volonté de l'acheteur éventuel. En d'autres termes, si la promesse synallagmatique de vente vaut vente pure et simple, la promesse unilatérale de vente vaut vente conditionnelle.

Enfin il nous reste à passer en revue quelques hypothèses de ventes consenties par un tiers pour le compte d'une autre personne. Et d'abord la vente a pu être conclue par un mandataire parlant au nom du vendeur ou de l'acheteur. Dans ce cas, est-il nécessaire de transcrire en même temps que l'acte de vente, la procuration en vertu de laquelle le mandataire a agi? La négative n'est point douteuse. La transcription de l'acte de vente ne prouve point par elle-même que la vente soit valable, car le prétendu mandataire a pu agir sans avoir reçu pouvoir à cet effet. Mais la transcription n'a point pour effet de couvrir les vices de l'acte. Elle se borne à en révéler l'existence aux tiers, sans préjuger en rien sa validité.

Il est possible que le mandataire parle en son nom personnel. Les effets légaux de la vente se produisent alors dans sa personne. C'est lui qui devient propriétaire de la chose, sauf à retransférer ensuite la propriété à son mandant. Il se produit donc en réalité deux mutations, l'une du vendeur au mandataire, l'autre du mandataire au mandant qui toutes deux doivent être transcrites. Mais, quelque diligence que l'on mette à faire pour ainsi dire simultanément les deux transcriptions, la transcription de l'acte déclaratif des droits du mandant sera, par la force des choses, postérieure à l'autre. Il peut donc se faire que pendant cet instant de raison, l'immeuble ait été grevé irrévocablement du chef du mandataire d'hypothèques légales dispensées d'inscription, hypothèques que le mandant devra respecter.

En dehors de l'hypothèse du mandat, nous pouvons supposer un tiers qui agit pour le compte de l'une des parties et d'abord du vendeur. Si ce tiers a simplement promis d'obtenir le consentement de Titius, *se effecturum ut Titius daret*, il n'a entendu évidemment obliger que lui-même : il n'y a pas vente; pas de transmission de propriété, ni même d'obligation de la part de Titius. Mais le tiers a pu intervenir comme gérant d'affaires dans l'intérêt de Titius. Dans ce cas, de deux choses l'une : ou l'affaire a été utilement gérée et alors le maître se trouve obligé comme s'il avait donné mandat. La vente est alors parfaite ab initio ; elle doit donc être transcrite dès ce moment pour être opposable aux tiers. Ou bien l'affaire n'a pas été gérée utilement, et, dans ce cas, le maître n'est point obligé. Il n'y a jamais eu vente même conditionnelle. Par suite, il n'y a pas lieu à transcription. Mais il peut se faire, dans cette dernière hypothèse, que le maître ratifie les actes du gérant. L'acheteur devra alors, pour se mettre en règle, faire transcrire l'acte de ratification et même l'acte de vente, si cet acte n'est pas suffisamment désigné et caractérisé par l'acte de ratification. Au reste la transcription de l'acte de vente ne sera jamais nécessaire au moment où la convention est passée entre le gérant d'affaires et l'acheteur, car la mutation de propriété ne se produira selon nous qu'à la date de la ratification et cette dernière ne produira point d'effet rétroactif au jour du contrat.

Supposons maintenant que le tiers agisse au nom de l'acheteur. Notre solution scra alors différente. La vente a en effet existé ici, ab initio, non point comme vente pure et simple, mais comme vente conditionnelle, subordonnée au consentement de l'acheteur. Il y a en effet ici, comme pour la promesse unilatérale de vendre, un consentement donné par le vendeur et accepté par le gérant, pour le compte du maître, celui-ci ayant conservé d'ailleurs la liberté de s'engager ou non, selon son gré. Le vendeur s'est dépouillé de la propriété sous la condition suspensive de la ratification de la part de l'acheteur. En conséquence la transcription devra être requise dès le moment où le contrat a été passé par le gérant d'affaires.

On s'est demandé si la cession qu'un cohéritier fait à

un étranger de ses droits successifs dans une succession qui comprend des immeubles devra être transcrite. Je crois qu'une pareille cession ne saurait échapper à la loi de 1855. On objecte que la loi soumet à transcription les actes translatifs de propriété immobilière et de droits réels susceptibles d'hypothèques. Or ici la cession n'a pas pour objet les immeubles de la succession, mais le droit indivis que le cédant a sur ces immeubles. Ce droit n'est point en lui-même susceptible d'hypothèque ; l'acte qui en a opéré la transmission est donc étranger à la loi de 1855. Nous répondrons que la formalité de la transcription s'applique à toute cession de droits susceptibles d'hypothèque soit purement et simplement, soit éventuellement. Or ici il n'est pas douteux que le vendeur puisse conférer sur les immeubles héréditaires des hypothèques valables, bien qu'éventuelles. La transcription sera donc utile pour prémunir l'acquéreur contre ce danger.

C'est ici le lieu de dire un mot du *retrait successoral*, ainsi que des autres espèces de retrait, le retrait *litigieux* (art. 1699) et le retrait d'*indivision* (art. 1408). Faut-il voir dans ces actes une cession nouvelle qui devra être transcrite comme l'avait été la première vente ? Le Code est absolument muet sur la nature et les effets du retrait. Il a donc entendu s'en rapporter sur ce point aux principes de l'ancien droit, qui avait donné une grande importance à cette matière. Le retrait, d'après Pothier, n'est autre chose que le droit de prendre le marché d'un autre et de se rendre acheteur à sa place. L'achat est détruit dans la personne de l'acheteur et passe dans celle du retrayant. C'est ce dernier qui est réputé avoir acheté directement et ab initio du vendeur. Il n'y a donc pas eu rétrocession ni même résolution de la vente primitive, mais seulement substitution du retrayant à l'acheteur originaire. On comprend dès lors que logiquement la transcription du retrait ne doit pas être exigée, car la loi de 1855 n'assujettit à transcription que les actes translatifs de propriété. Sans doute la loi aurait dû rationnellement soumettre le retrait au droit commun de la publicité afin que les tiers pussent apprendre que l'acheteur avait cessé d'être propriétaire. Mais ici encore la rigueur des principes l'a emporté sur les nécessités de la pratique. C'est ainsi, nous l'avons vu, que la loi n'assujettit à aucune publicité l'exercice du réméré lorsqu'il a lieu à l'amiable, tandis qu'il doit en être fait mention en marge de la transcription de l'acte de vente, lorsqu'il a été prononcé en justice. De même pour l'accomplissement d'une condition résolutoire.

II. *Échange.* — L'échange étant, comme la vente, un contrat translatif de propriété, devra être rendu public par la transcription. Notons seulement sur ce point que si les deux immeubles échangés sont situés dans le ressort du même bureau, une seule transcription suffira pour constater la double mutation qui s'est produite ; dans le cas contraire, il faudra évidemment faire opérer la transcription dans chacun des ressorts de leur situation.

III. *Dation en paiement.* — C'est là un acte qui présente une grande analogie avec la vente et qui est, comme elle, translatif de propriété et assujetti à transcription. Le débiteur qui donne à son créancier une chose autre que celle qui lui est due, avec le consentement de celui-ci, fait en quelque sorte une vente dont le prix se compense avec le montant de la dette elle-même. Cette assimilation nous est notamment indiquée par l'article 1595 du Code, qui considère comme des exceptions au principe général, d'après lequel les ventes sont prohibées entre époux, les trois cas de dation en paiement qu'il énumère. Dans tous ces cas, il devra donc y avoir transcription pour que l'acte soit opposable aux tiers.

IV. *Régime matrimonial*. — Le régime matrimonial des époux, leur contrat de mariage peuvent aussi dans certains cas donner lieu à transcription. Il ne saurait évidemment être question de cette formalité dans le cas où les époux ont accepté la communauté légale sans la modifier. Mais les parties peuvent modifier le régime que leur propose la loi d'une foule de manières. Parmi ces clauses, il en est qui sont de nature à entraîner mutation de propriété immobilière. De ce nombre est la clause *d'ameublissement*, qui peut être de deux sortes, ameublissement déterminé ou ameublissement indéterminé. 1° Et d'abord l'ameublissement *déterminé ;* c'est celui par lequel les parties font tomber dans la communauté en pleine propriété un ou plusieurs de leurs immeubles. Il y a ici une véritable mutation de propriété, l'immeuble ameubli passant du patrimoine de l'époux dans celui de la communauté. Il y aura donc toujours lieu à transcription. Peu importe que l'ameublissement émane du mari ou de la femme. Même dans le cas où l'ameublissement est fait par le mari, que l'on considère ou non la communauté comme une personne morale distincte de celle des époux, il faut bien reconnaître que la femme acquiert au moins ici un droit indivis dans le bien ameubli. Il y a donc bien assurément transmission de propriété immobilière. et qu'on ne dise pas que la transcription est sans utilité dans cette hypothèse. Sans doute, elle sera sans utilité à l'encontre des tiers qui ont acquis de l'un des époux avant le mariage des droits sur l'immeuble ameubli et qui ne les ont pas rendus publics, car la communauté succédant à l'obligation de garantie dont cet époux était tenu doit dans tous les cas respecter l'aliénation ou les droits réels non transcrits qui lui sont opposés. Mais supposons la communauté dissoute et non liquidée ; avant le partage le mari aliène un immeuble ameubli par lui : la femme sera obligée de subir cette aliénation, si l'ameublissement d'où est né son droit indivis n'a pas été rendu public par la transcription. Il en serait de même si nous supposions un immeuble ameubli par le mari et aliéné par lui à titre gratuit au cours de la communauté, car ici la communauté n'étant pas tenue de l'obligation de garantie, la femme, si elle a fait transcrire l'ameublissement, aurait intérêt à méconnaître la donation et serait en droit de le faire. — 2° L'ameublissement est *indéterminé*, quand il est fait seulement jusqu'à concurrence d'une certaine somme. Ici l'immeuble ameubli ne tombe pas en communauté. Il reste la propriété de celui qui l'a ameubli. La communauté acquiert seulement le droit de l'hypothéquer jusqu'à concurrence de la somme promise. Il n'y a donc pas ici mutation de propriété, ni acte constitutif de droits réels susceptibles d'hypothèque. Une pareille clause ne saurait donc en elle-même être assujétie à la loi de 1855. Il peut se faire cependant que la transcription soit ici nécessaire. L'époux peut en effet être obligé en vertu d'un ameublissement indéterminé, à comprendre dans la masse partageable les immeubles ameublis jusqu'à concurrence de la somme à laquelle est fixé l'ameublissement. S'il satisfait à cette obligation et que l'immeuble par lui compris dans la masse tombe au lot de son conjoint, la transcription de l'acte de liquidation sera indispensable.

Une autre clause de la communauté conventionnelle est la stipulation de *communauté universelle*,, clause assez rare dans la pratique, par laquelle les futurs conjoints mettent en commun, en outre des biens mobiliers qui tombent dans la communauté légale, tous leurs immeubles présents ou à venir. Une pareille convention serait évidemment soumise à la transcription.

On s'est demandé si tout contrat de mariage duquel résulte au profit du mari un droit de jouissance sur les immeubles propres à la femme ne devait pas être transcrit. C'est ce qui a lieu notamment sous la clause de communauté réduite aux acquêts, sous le régime sans communauté, sous le régime dotal, en cas de constitution de dot universelle ou à titre universel. Je crois que dans ces divers cas, la transcription des conventions matrimoniales est inutile. En effet, d'une part, la jouissance, étant attachée à la qualité de mari, n'est pas un droit susceptible d'hypothèque et par suite ne tombe pas sous l'application de la loi de 1855, et, d'autre part, la transcription ne donnerait pas au mari le droit de méconnaître les actes passés par sa femme avant le mariage, fussent-ils restés clandestins, car, étant usufruitier universel, il est tenu comme la femme, de l'obligation de garantie envers les tiers; il ne saurait donc leur opposer le défaut de transcription. Enfin, si la dot a été constituée à titre particulier, le mari devra alors faire transcrire; car, simple usufruitier à titre particulier, il n'est pas tenu à la garantie envers les ayants-cause de sa femme, il pourra donc leur opposer le défaut de transcription dans la limite de son droit de jouissance.

Une autre question qui se rattache au régime matrimonial des époux et dont la solution nous intéresse au point de vue de la transcription est celle de l'effet du *remploi*. Pas de difficultés pour le remploi concernant le mari ou même pour le remploi relatif à la femme, si l'acte d'acquisition renferme en même temps que la déclaration du remploi son acceptation par la femme. Ces actes d'acquisition devront évidemment être transcrits. Mais il y a plus de difficulté, dans l'hypothèse suivante : le mari aliène un immeuble propre de sa femme, il en touche le prix qu'il consacre à l'acquisition d'un autre immeuble en déclarant dans l'acte d'acquisition que l'immeuble est acquis des deniers provenant de la vente d'un propre de la femme et pour lui servir de remploi (art. 1435). La validité du remploi est subordonnée à l'acceptation ultérieure de la femme. Quel sera donc l'effet de cette acceptation lorsqu'elle se sera produite ? Dira-t-on qu'il s'est opéré deux mutations successives, l'une du vendeur au mari et à la communauté, l'autre du mari à la femme ? Dès lors, la déclaration faite par le mari dans l'acte n'a que la valeur d'une offre ; celui-ci peut en aliénant ou hypothéquant l'immeuble, avant que la femme n'ait accepté, révoquer implicitement ou restreindre cette offre de remploi ; deux droits de mutation seront dus, et, au point de vue de notre sujet, une double transcription sera nécessaire pour la complète sécurité de la femme, transcription de l'acte de vente, afin de prévenir les tiers que le vendeur est désormais dépouillé de la propriété de l'immeuble, transcription de l'acceptation du remploi, afin de leur apprendre que l'immeuble est sorti de la communauté pour entrer dans le patrimoine de la femme. Ce système a surtout en vue l'intérêt des tiers qui viendraient à traiter avec le mari et dont les droits se trouveraient résolus par l'acceptation postérieure de la femme. On dit d'ailleurs que le vendeur n'a pas entendu se mettre en rapport avec la femme de son acheteur qui ne joue aucun rôle dans le contrat et qu'il n'a point à se préoccuper des rapports ultérieurs des époux entre eux. — Dans une autre opi-

nion, l'acceptation du remploi effectué dans les conditions de l'article 1435 remonte quant à ses effets au jour
même de la vente. La femme est censée avoir succédé
directement au vendeur. L'opération s'analyse non point
en une *datio in solutum* intervenue entre le mari et la
femme, mais en une véritable gestion d'affaires. Or,
nous avons vu que dans l'hypothèse d'un achat fait par
gérant d'affaires, la ratification rétroagit au jour même
du contrat. Dès lors le mari ne peut révoquer ni modifier le remploi ; la femme n'est point tenue de respecter les actes passés par son mari avec les tiers dans
l'intervalle entre la vente et la ratification ; une seule
transcription, celle de l'acte de vente, sera nécessaire
pour apprendre au public que la propriété a cessé de
reposer sur la tête du vendeur. Quant à l'acte de ratification, sa transcription n'est point obligatoire, car la
déclaration de remploi contenue dans l'acte de vente
suffit pour prévenir les tiers qui voudraient traiter avec
le mari des dangers que ferait courir à leurs droits
l'acceptation postérieure de la femme. Le fait seul de la
part du Code d'exiger que la déclaration de remploi soit
contenue dans l'acte de vente prouve bien le danger d'éviction qui menace les ayants-cause du mari et la
pensée de la loi d'y remédier, car si l'acceptation de la
femme ne rétroagit point, quelle peut être l'utilité d'une
pareille prescription et quel besoin y a-t-il de prévenir à
l'avance les tiers d'une éventualité qui ne pourra leur
porter aucun préjudice ? Enfin, notre ancien droit, dont
le Code a reproduit exactement les dispositions, ne nous
laisse aucun doute sur leur but et leur utilité. Que nous
dit en effet Pothier ? « Si la femme ratifie et consent à la
déclaration de remploi, les ratifications ayant un effet
rétroactif, l'héritage sera censé avoir été, dès l'instant

de son acquisition, acquis pour tenir lieu du remploi de la femme et avoir toujours été en conséquence propre de communauté de la femme par subrogation. » Et d'Aguesseau est non moins explicite : « La ratification de la femme a un effet rétroactif au temps de l'acte. S'il en est ainsi par rapport à celui qui gère seulement les affaires d'autrui , à plus forte raison à l'égard du mari qui est censé le procureur de sa femme. » Notre conclusion est donc que la transcription de l'acte de vente suffit pleinement pour sauvegarder les droits de la femme.

Il nous reste à examiner une question intéressante dans le règlement des rapports pécuniaires des époux. Si au cours du mariage ou après sa dissolution, un des époux abandonne à l'autre, en paiement de ce qu'il lui doit, des immeubles qu'il a en propre, nous avons vu qu'il y a là une datio in solutum et que par suite la formalité de la transcription doit certainement être accomplie. Mais la question peut présenter plus de doute, au cas où des immeubles de communauté sont prélevés par l'un des époux pour se remplir de ses reprises. Ce prélèvement opère-t-il une mutation de propriété ? La solution dépend évidemment de celle qu'on donnera à la question si célèbre, il y a quelques années, de la nature du droit de reprise. Rappelons en quelques mots la controverse. Aux termes de l'article 1471, les prélèvements de la femme sur les biens de la communauté peuvent s'exercer en nature, d'abord sur l'argent comptant, puis sur les effets mobiliers et subsidiairement sur les immeubles, sans qu'elle soit tenue comme tout créancier de saisir les biens et de se faire payer sur le prix en provenant. Était-ce là l'exercice d'un droit de propriété ou ne fallait-il voir dans cette disposition qu'un cas de datio in solutum, un mode de paiement que la femme simple créancière était d'ailleurs en droit d'exiger? L'intérêt de la question est évident : si la femme exerce ses reprises à titre de propriétaire, elle n'a rien à redouter des créanciers de la communauté; si, au contraire, elle n'est que simple créancière, elle vient nécessairement en concours avec eux et n'a plus dès lors que le bénéfice de son hypothèque légale. De plus, si l'on admet le premier point de vue, l'acte n'a pas besoin d'être transcrit, car il ne s'est opéré aucune transmission; si l'on accepte le second, il y a, au contraire, lieu à transcription, puisque l'opération se ramène à un paiement ou une datio in solutum.

Ce dernier point de vue n'avait jamais fait doute ni en doctrine ni en jurisprudence, lorsque, par un arrêt du 11 avril 1854, la Cour de cassation l'abandonna et posa en thèse que la femme, soit qu'elle accepte soit qu'elle renonce, peut exercer ses reprises à titre de propriétaire et non de créancière. Mais cette nouveauté rencontra tant de résistances dans le monde de la science et amena des résultats si désastreux dans la pratique, au point de vue de l'intérêt des créanciers et du crédit du mari lui-même, que, quelques années après, dans un arrêt rendu, toutes chambres réunies, le 13 janvier 1858, la Cour de cassation, désavouant sa doctrine, reconnut, selon l'ancienne théorie, que la femme exerce ses reprises à titre de créancière et non à titre de propriétaire. Depuis, la question n'a plus fait doute. Ainsi donc, la conséquence que nous devons en tirer au point de vue de notre étude est qu'en principe la transcription est nécessaire pour assurer aux reprises de l'époux créancier, leur plein et entier effet.

Toutefois cette donnée ne doit pas être acceptée sans quelques distinctions : et d'abord en ce qui concerne la femme, deux situations sont possibles : ou elle renonce ou elle accepte, à la dissolution de la communauté. Dans le premier cas, la femme devenant par sa renonciation étrangère à la communauté n'est qu'un créancier ordinaire qui va être payé avec des biens de communauté, devenus maintenant biens du mari. Il y aura donc une véritable mutation du patrimoine du mari dans celui de la femme, et par suite nécessité de la transcription. Prenons maintenant la seconde hypothèse : la femme accepte la communauté. Dirons-nous avec certains auteurs que la transcription est encore nécessaire ici ? Nous ne le pensons pas. Les prélèvements qui sont effectués au profit de la femme ont pour effet de faire cesser l'indivision et de substituer une propriété divise à une propriété indivise. La reprise effectuée, l'époux a désormais, au lieu d'un droit de copropriété dans les biens, une propriété exclusive. L'opération n'est donc pas autre chose qu'un incident du partage, un acte accessoire qui participe de sa nature et de ses effets et qui est par conséquent, au même titre que lui, affranchi de la formalité de la transcription. Notons enfin que si la femme, en cas d'insuffisance des biens de la communauté, exerce des prélèvements sur les biens personnels du mari, il y a ici une véritable datio in solutum, un paiement fait par un débiteur avec ses biens personnels à son créancier et par suite un acte assujetti à transcription. — Si nous supposons maintenant que c'est le mari qui exerce ses reprises sur les biens de la communauté, il est facile de voir qu'il n'y aura pour lui jamais lieu de faire transcrire, car si la femme accepte, les prélèvements du mari, étant un incident du partage, échappent à la publicité, ainsi que nous l'avons dit pour la femme. Si elle renonce, la communauté restant tout entière au mari, il ne peut être question pour lui d'exercer des reprises sur ces biens.

V. *Contrat de société*. — Les contrats de société doivent être transcrits comme actes translatifs de propriété, quand l'apport d'un immeuble a été stipulé. Certaine en ce qui concerne les sociétés commerciales, qui sont généralement considérées comme des personnes morales, cette solution ne peut davantage être contestée, en matière de sociétés civiles. Quelle que soit l'opinion que l'on adopte sur leur véritable caractère, et ne les considerât-on pas comme constituant un être moral, une personne civile, il faut cependant reconnaître qu'il y a dans tous les cas transmission de propriété, chaque associé acquérant au moins un droit indivis sur les immeubles apportés par les autres.

La seule question que paraît avoir soulevée cette matière est celle de savoir s'il faudrait transcrire l'apport d'un associé s'engageant à faire jouir la société, tant qu'elle durera d'un de ses immeubles dont il reste d'ailleurs propriétaire. Faut-il voir là un bail qui ne sera assujetti à transcription que dans des conditions et avec des règles spéciales, ou bien une simple constitution d'usufruit soumise à la règle générale de la transcription ? J'incline pour cette dernière opinion ; une pareille convention me paraît être une constitution d'usufruit, avec cette clause additionnelle que les risques et toutes les charges d'entretien restent exclusivement au propriétaire.

VI. *Transaction*. — La transaction est-elle assujettie à la formalité de la transcription ? La solution de cette question dépend du parti que l'on prendra sur la nature translative ou déclarative de la transaction. Mais d'abord une distinction est nécessaire.

Il est un point sur lequel tout le monde est d'accord · il arrive souvent quand une contestation vient à naître que l'une des parties, voulant obtenir à l'amiable une conclusion favorable à sa prétention et écarter la prétention de son adversaire, lui abandonne par transaction un de ses immeubles autre que l'immeuble litigieux et sur lequel aucune contestation ne s'élève. Dans ce cas, personne ne doute que la transaction ne soit vraiment translative de propriété et par suite qu'elle ne doive être transcrite pour être opposable aux tiers.

Mais la controverse se produit sur le point de savoir si la transaction, s'opérant par le simple abandon de la prétention de l'une des parties, est translative de propriété ou déclarative d'un droit de propriété préexistant. Celle des parties à laquelle reste en définitive l'immeuble litigieux doit-elle faire transcrire son titre ? Là est la question. Je crois avec la grande majorité des auteurs que la transaction est ici déclarative et non translative de propriété. En tant qu'elle règle l'accord des parties sur le point en litige, elle n'est que la reconnaissance d'un droit antérieur, l'abandon d'une prétention que l'on ne juge point assez fondée pour l'invoquer en justice. Sans doute, en fait, la transaction pourra être quelquefois la renonciation à un droit sérieux et fondé en vue d'écarter les ennuis et les incertitudes d'un procès, mais ce n'est point là le fait que la loi a pu et a dû prévoir. En définitive, et aux yeux de la loi, la transaction ne peut être que la reconnaissance, l'aveu implicite au moins des droits de l'autre partie, de même que le jugement ne peut être que la constatation et la déclaration d'un droit antérieur. Cette assimilation entre la transaction et le jugement, nous la trouvons dans l'article 2052. L'ancien droit a d'ailleurs toujours considéré la transaction comme déclarative de propriété : « Il est clair, dit Dumoulin, qu'il n'y a ici ni transmission de propriété ni acquisition d'un droit ou d'un titre nouveau, *sed sola liberatio controversiæ*. D'Argentré est tout aussi affirmatif : *non est titulus*, dit-il, *sed tituti prætensi confessio*. Pothier enfin reproduit la même doctrine. Rien dans le Code ne nous fait présumer qu'elle ait été abandonnée. Il est des personnes, qui, sans prétendre que la transaction soit translative, la considèrent du moins comme extinctive, en tant que renonciation à un droit, et à ce titre veulent l'assujettir à transcription, aux termes de l'article 1ᵉʳ, 2°. Mais même en admettant ce point de vue, un pareil acte échapperait encore à la loi de 1855, car, nous l'avons dit déjà, le 2° de l'art. 1ᵉʳ ne s'applique qu'aux renonciations à un droit certain, incontesté, tandis que celui qui transige n'abandonne qu'un droit douteux, une prétention.

VII. *Difficultés relatives au partage.* — Le partage, nous l'avons vu, est dans notre loi déclaratif, non translatif de propriété. A ce titre, il n'est pas soumis à transcription. Il importe donc de savoir dans quels cas il y a partage, dans quels cas au contraire l'opération, étant considérée comme étrangère au partage, tombe sous le coup de la loi de 1855. Sur ce point, un certain nombre de distinctions ont été établies par la loi ou admises par la jurisprudence. Nous les résumerons, en indiquant les controverses qu'ont fait naître quelques-unes d'entre elles.

Le principe général est celui-ci : Est réputé acte de partage tout acte qui a pour objet de faire cesser l'indivision. De là, les conséquences suivantes :

1° La cession qu'un cohéritier (ou copropriétaire) fait de sa part dans la chose indivise est un partage, si elle a lieu au profit de son cohéritier ; un acte translatif de propriété et assujetti à transcription, si elle est faite à un étranger (art. 888).

2° La cession même faite à un cohéritier n'est un partage qu'autant qu'elle est faite à titre onéreux, c'est-à-dire moyennant un prix ou une soulte. Intervient-elle, au contraire, à titre de donation, comme elle n'a plus pour objet de faire cesser l'indivision, mais de gratifier le cessionnaire, elle constitue un acte translatif et soumis à transcription.

3° La renonciation d'un cohéritier à sa part, à ses droits successifs, au profit d'un cohéritier et moyennant un prix, constitue un véritable partage et n'a pas besoin d'être transcrite.

4° Il y a partage, non-seulement lorsque l'indivision cesse relativement à la masse indivise tout entière, mais encore lorsqu'elle cesse relativement à l'un ou à l'autre des objets qui en font partie.

5° Une succession étant dévolue à plus de deux héritiers, si l'un d'eux a vendu sa part aux deux autres, cette cession devra être transcrite ; car, comme elle laisse subsister l'indivision entre deux cohéritiers, il est impossible de voir en elle un partage ou un acte qui en tienne lieu. Mais si, à l'inverse, nous supposons que deux des trois héritiers ont par un seul et même acte vendu leurs droits à leur cohéritier, cet acte fait cesser l'indivision, il tient donc lieu de partage et doit être transcrit.

6° Enfin, hypothèse analogue à la précédente, si l'un des trois héritiers a cédé sa part à un d'entre eux seulement, au lieu de la céder à tous, la solution est la même que précédemment. Pas de partage et par suite point de transcription. Que si ce cohéritier cessionnaire achète en outre la part du troisième héritier, cette dernière cession devra être transcrite, car elle met fin à l'indivision à l'égard de tous.

Ces deux dernières solutions, bien que consacrées par la jurisprudence constante de la Cour de cassation et acceptées par un très-grand nombre d'auteurs, ont soulevé et soulèvent encore aujourd'hui de très-vives controverses. La théorie de la Cour de cassation peut se formuler ainsi : Pour qu'un acte, qui de sa nature est translatif de propriété, puisse tenir lieu de partage et passer pour simplement déclaratif, il ne suffit pas qu'il soit intervenu entre un ou plusieurs des copropriétaires ; il faut qu'il fasse cesser l'indivision *entre tous*. Je ne crois pas cependant que ce soit là le véritable point de vue de la loi. Et plusieurs raisons me déterminent à le repousser. La distinction admise par la Cour de cassation entre un acte faisant cesser l'indivision à l'égard de tous et un acte ne la faisant cesser qu'à l'égard de quelques-uns était étrangère à l'ancien droit. Guyot nous dit fort bien « que l'un des associés peut liciter sa portion soit avec l'un soit avec tous, et que dans les deux cas il n'y a point changement de propriétaire, mais un acte dans lequel l'esprit des contractants est de partager et non de vendre. » Pothier est non moins explicite : « Pour qu'une vente, que l'un de plusieurs cohéritiers fait de sa portion à son cohéritier, soit un partage, il n'est pas nécessaire, dit-il, qu'elle dissolve toute communauté, il suffit qu'elle la dissolve entre eux deux. » Tous les autres auteurs tiennent le même langage.

Et d'ailleurs, dans quel but la loi n'attribuerait-elle pas à l'acte faisant cesser l'indivision à l'égard de quelques-uns des copropriétaires, les caractères et les effets d'un partage ? La loi a dû voir au contraire avec faveur des actes qui tendent à simplifier les opérations toujours si compliquées du partage et à faciliter les rapports des copartageants, en diminuant leur nombre. Ici encore les anciens auteurs mettent très-nettement ce point en lumière et nous montrent que ces cessions et licitations anticipées « sont des dispositions préparatoires nécessaires au partage, qui sans cela serait souvent difficile à consommer soit par le grand nombre d'héritiers et la multiplicité des fractions et divisions à faire, soit pour éloigner un cohéritier difficultueux dont la présence pourrait troubler le partage. » — Dès lors, ces actes, n'étant que des éléments du partage, doivent participer de sa nature et de ses effets. Comprend-on d'ailleurs que si l'un des héritiers achète par un seul et même acte toutes les parts de ses cohéritiers, l'acquisition soit un partage et doive rester clandestine, tandis que si cette acquisition a lieu par actes séparés et successifs, elle doive être portée à la connaissance des tiers par la transcription? Sur quelle base rationnelle peut reposer une pareille distinction? Elle n'a pour elle ni l'autorité de l'ancien droit ni celle de la logique. Il nous sera facile de montrer que celle des textes lui fait également défaut. L'article 883 qui pose le principe de la nature déclarative du partage ne rappelle aucunement la distinction qu'on prétend introduire. De même de l'article 888 qui nous apprend que le partage est tout acte ayant pour objet de faire cesser l'indivision entre cohéritiers. Enfin l'art. 889 la repousse formellement, en nous disant que l'action en rescision pour lésion n'est pas admise contre une vente de droits successifs faite à l'un des cohéritiers, à ses risques et périls par ses cohéritiers ou *par l'un d'eux*. Or les articles 883 et 889 ont été empruntés à Pothier. Ils sont donc la reproduction pure et simple de la doctrine de l'ancien droit et comment croire que les rédacteurs du Code aient entendu l'abandonner, alors qu'ils en reproduisent toutes les dispositions sans les modifier.

VIII. *Renonciations à un droit.* — La loi de 1855 assujettit à transcription les renonciations à un droit. Nous avons déjà dit qu'il faut entendre ces expressions dans le sens de renonciation à un droit que l'on a dans son patrimoine et que l'on abdique pour l'avenir. Ainsi nous soumettons à la transcription les renonciations aux droits d'usufruit, d'antichrèse, de servitude, la renonciation à la mitoyenneté de l'art. 656, les cas de renonciation des art. 699 et 780.

Que décider de la renonciation à une action en nullité pour vices de formes ou lésion, et à la ratification d'une aliénation annulable pour cause de violence, d'erreur ou de dol ? Celui qui avait l'action avait conservé le droit de disposer de l'immeuble et de l'hypothéquer, sous la condition que la nullité serait invoquée par lui. C'est une propriété conditionnelle qu'il abdique par le fait de sa renonciation. Les tiers doivent être avertis qu'il l'a perdue. Nous exigerons donc qu'on transcrive la renonciation à ces actions, de même que nous avons subordonné ci-dessus leur cession à la même formalité. Nous en dirons autant de la renonciation à une action en réduction d'une donation excédant la quotité disponible, d'une action en réméré, au bénéfice de toute condition suspensive ou résolutoire affectant une précédente aliénation ou réquisition.

A l'inverse, nous croyons qu'il n'y a point lieu de transcrire les renonciations à une succession, à un legs, à une communauté. Il n'y a pas ici déplacement de la propriété, mais abdication de la faculté d'acquérir. L'héritier, la femme sont censés n'avoir jamais eu de droits par l'effet de la renonciation. Ces renonciations ont d'ailleurs dans les déclarations au greffe auxquelles elles sont soumises une publicité spéciale suffisante à sauvegarder l'intérêt des tiers (art. 784 et 1457).

Une question plus délicate est celle de savoir s'il faudrait transcrire la renonciation à une prescription acquise. Lorsque le temps de la prescription s'est accompli, le possesseur n'est pas encore propriétaire incommutable de la chose possédée ; il faut qu'il invoque la prescription en justice. Le fait-il, il est censé avoir été propriétaire de la chose du jour de sa possession. Dès lors, s'il renonce à cette prescription acquise et invoquée, il s'opère une véritable rétrocession de la propriété. En vain m'objectera-t-on qu'il n'y a dans cette renonciation de sa part qu'une reconnaissance du droit qu'il avait commencé par méconnaître, une restitution de la chose d'autrui. Je le veux bien, mais c'est la reconnáissance d'un droit qui a cessé d'exister par l'effet de la prescription, la restitution d'une chose qui a cessé d'être à autrui, car l'article 712 nous dit formellement que la prescription est un mode d'acquérir la propriété. Et d'ailleurs, lorsque le possesseur a opposé en justice le moyen résultant de la prescription, et qu'il a été reconnu propriétaire en vertu d'un jugement, les tiers ne sont-ils pas fondés à croire qu'il peut désormais conférer des droits à l'abri de toute atteinte ? Ne doivent-ils pas dès lors être prévenus d'une renonciation qui le prive désormais du bénéfice de la prescription ? Nous concluons donc que toute renonciation à une prescription déjà invoquée en justice équivaut à une rétrocession, une retransmission de propriété et par suite qu'elle doit, selon le droit commun, être assujettie à transcription. Quant à la renonciation à une prescription acquise, mais non encore invoquée en justice, elle ne renferme pas une aliénation nouvelle, mais une reconnaissance du droit d'autrui, un refus d'acquérir. Nous ne la soumettons donc pas à la transcription. Cependant quelques personnes exigent même dans cette hypothèse que la renonciation soit rendue publique à l'égard des tiers intéressés à la connaître.

IX. *Aliénations administratives.* — Les personnes morales, telles que l'État, les départements, les communes, certains établissements publics ou corporations, hospices, fabriques, etc., peuvent faire des aliénations comme les particuliers eux-mêmes. Ces aliénations seront-elles soumises au régime de la transcription ou bien dirons-nous que, par le caractère des personnes de qui elles émanent, elles sont restées en dehors des prévisions du législateur de 1855? Cette dernière opinion a été soutenue par M. Troplong qui l'appuie sur deux arguments principaux : le premier c'est que « la transcription ne peut être de la part de l'acquéreur qu'un acte de méfiance contre son vendeur. Or cette méfiance ne peut exister vis-à-vis de l'État, car peut-on craindre que l'État ayant vendu un terrain à un citoyen vende ensuite ce terrain à un autre ? » — Le second argument est celui-ci : « la transcription est un acte judiciaire en quelque sorte, en ce sens qu'elle est du domaine des tribunaux. La connaissance et l'interprétation des actes administratifs est de la compétence de l'administration. Soumettre ces actes à transcription, c'est commettre un empiétement sur la ligne de démarcation qui sépare le domaine des tribunaux de celui de l'administration. » Ces raisons ne nous paraissent pas concluantes, et nous croyons que les aliénations administratives sont, comme les autres, assujetties à la transcription. Nous remar—

querons d'abord que les expressions générales de la loi de 1855 n'impliquent aucune distinction. Peu importe la condition de l'aliénateur ou de l'acquéreur pourvu que l'acte soit translatif ou constitutif de droits réels immobiliers. Rien dans les travaux préparatoires qui puisse nous faire croire à une pareille limitation. Quant à l'argument consistant à dire que la transcription est un acte de méfiance et que cette méfiance ne se justifie pas, l'État étant aliénateur, nous nous contenterons d'y répondre, sans vouloir faire d'autre remarque, que l'aliénation peut émaner de personnes autres que l'État, par exemple les communes, les hospices, les communautés religieuses, etc., vis-à-vis desquelles les mesures de précaution ne sont certes pas plus déplacées et moins utiles que vis-à-vis des particuliers. Et d'ailleurs, il n'est pas sérieux de dire que la transcription soit un acte de méfiance, une garantie contre la mauvaise foi de l'ancien propriétaire ; ce peut être aussi une précaution contre l'oubli ou l'erreur de celui qui aliène, nous dirons ici de l'administrateur, et même un moyen de mettre une acquisition à l'abri de certains actes indépendants de la volonté de son auteur, tels que des hypothèques judiciaires résultant de condamnations prononcées contre les établissements publics ou l'État lui-même. Quant à l'argument tiré de l'empiétement des tribunaux judiciaires sur le domaine des tribunaux administratifs, il est tout aussi facile d'y répondre, en remarquant que si les difficultés survenues à propos de l'acte entre les parties contractantes sont du domaine des juridictions administratives, les difficultés que pourrait faire naître le défaut de transcription entre l'acquéreur et les tiers sont dans le domaine exclusif des tribunaux ordinaires. C'est un différend sur la propriété et une pure question de droit civil à régler. Donc pas d'empiétement d'une autorité sur l'autre. De tout cela nous concluons que les aliénations administratives devront être, comme les aliénations ordinaires, soumises à transcription.

SECTION DEUXIÈME.

Jugements soumis à la publicité par la loi de 1855.

La publicité spéciale à laquelle la loi de 1855 assujettit certains jugements est réalisée tantôt par la transcription, tantôt par la mention. Parlons d'abord des jugements qui doivent être transcrits ; nous dirons ensuite un mot de ceux qui sont rendus publics par une simple mention.

§ I

Les jugements soumis à transcription sont : 1° ceux qui constatent l'existence d'une convention verbale de nature à être transcrite ; 2° certains jugements d'adjudication.

I. — Lorsqu'une convention translative de propriété n'est pas constatée par écrit, elle échappe par là à la formalité de la transcription et reste non opposable aux tiers tant qu'un écrit n'en a pas été rédigé et présenté au conservateur des hypothèques. Mais si une contestation s'élève et qu'un jugement intervienne qui constate l'existence de cette convention, ce jugement tiendra lieu d'acte aux parties et devra être transcrit comme celui-ci aurait dû l'être. Sans doute, la loi aurait pu se contenter ici de la publicité générale résultant toujours d'un jugement. Mais cette publicité est en elle-même assez limitée et assez imparfaite. Il était donc utile de donner à ces sortes de jugements une publicité plus spéciale et de rendre aussi complets que possible les registres de la propriété foncière, en réunissant dans un même lieu les renseignements de source diverse dont les tiers peuvent avoir besoin.

Nous assujettissons donc à transcription tout jugement ou acte judiciaire de la nature ci-dessus indiquée, sans distinction de la juridiction dont il émane, qu'il soit contradictoire ou par défaut, en premier ou en dernier ressort, que la convention qu'il constate soit translative, constitutive ou extinctive de droits réels susceptibles ou non susceptibles d'hypothèque, malgré les formules assez confuses dont se servent les articles 1 et 2 de la loi.

II. — Est également assujetti à transcription, aux termes de l'article 1er, 4°, tout jugement d'adjudication autre que celui rendu sur licitation au profit d'un cohéritier ou d'un copartageant.

Les jugements en général ne sont pas soumis à transcription et la raison en est qu'ils sont le plus souvent déclaratifs de droits antérieurs et non constitutifs de droits nouveaux. Mais il n'en est pas ainsi des jugements d'adjudication. Les droits de l'adjudicataire ne remontent en effet qu'au jugement ; il les puise dans le jugement même, comme l'acheteur puise les siens dans le contrat de vente et dès lors l'adjudicataire doit faire transcrire son jugement, de même que l'acheteur doit faire transcrire son contrat.

Ainsi, comme exemples de jugements d'adjudication qui, en principe et sauf exception, devront être transcrits, nous citerons : les jugements d'adjudication sur licitation rendus au profit d'un étranger, les adjudications sur saisie immobilière, les jugements d'adjudication des biens dépendant d'une succession bénéficiaire ou vacante, les jugements d'adjudication de biens de mineurs, les jugements d'adjudication sur délaissement par hypothèque ou sur surenchère du dixième, etc.

Mais les raisons mêmes, données ci-dessus, devaient faire exclure du domaine de la transcription certains jugements d'adjudication qui n'ont pas le caractère d'un acte translatif de propriété, mais d'un acte déclaratif de droits. Ce sont les jugements d'adjudication sur licitation rendus au profit d'un cohéritier ou d'un copartageant, car le jugement a, dans ce cas, ainsi que la vente, tous les caractères d'un partage, il participe donc de sa nature et de ses effets et à ce titre échappe à la formalité de la transcription.

A ces adjudications déclaratives de droits, il faut assimiler et par conséquent dispenser aussi de transcription les adjudications qui ne font pas acquérir un droit nouveau, mais qui consolident un droit antérieur, qui confirment un titre préexistant. Nous pouvons examiner ici un certain nombre de cas qui nous paraissent rentrer dans cette hypothèse.

Telle est d'abord l'adjudication sur saisie immobilière faite au profit d'un tiers acquéreur, qui étant resté détenteur de l'immeuble s'en est porté adjudicataire sur sur une saisie directement pratiquée contre lui ; ou bien encore l'adjudication sur surenchère du dixième prononcée au profit d'un tiers acquéreur dont les offres afin de purge n'ont pas été acceptées. Ces jugements d'adjudication n'ont pas pour effet de transférer la propriété, puisqu'ils sont prononcés au profit d'une personne déjà propriétaire. Ils ne font que confirmer et consolider le droit de celle-ci. Ils ne peuvent donc à aucun titre être soumis à transcription. C'est d'ailleurs ce que le Code

lui-même a soin de nous dire, dans l'article 2189 :
« L'acquéreur ou le donataire qui *conserve* l'immeuble
mis aux enchères, en se rendant dernier enchérisseur,
n'est pas tenu de faire transcrire le jugement d'adjudication. » Préoccupation singulière de la part du Code,
qui n'avait pas maintenu la formalité de la transcription,
comme condition de la transmission de propriété, car
quel aurait pu être le but de la transcription ici ? Ce
n'était point de transférer la propriété à l'égard des tiers,
car le système de la loi de brumaire avait été abandonné. Ce n'était point de purger, car la purge avait
dû être déjà opérée. L'article 2189 n'était donc qu'un
vestige de plus d'une théorie abandonnée, auquel la loi
de 1855 est d'ailleurs venue rendre un sens et une utilité.

Serait également dispensé de transcription le jugement
d'adjudication sur délaissement, lorsque l'acquéreur, au
lieu de purger, a délaissé l'immeuble et que l'adjudication poursuivie à la requête des créanciers a été
prononcée à son profit. En effet, le délaissement n'est
point une abdication de la propriété ; ce n'est même pas
un abandon de la possession civile, mais seulement de
la possession de fait, de la détention. Celui qui délaisse ne se
dépouille pas de la propriété ; il ne fait qu'abandonner
l'immeuble pour se soustraire aux ennuis et aux désagré-
ments qu'entraîne avec elle une procédure en expropriation. C'était là le point de vue de l'ancien droit et le
Code ne s'en est point écarté. Cela résulte clairement de
l'article 2173, qui donne au délaissant la faculté de reprendre l'immeuble, en payant les dettes hypothécaires
et les frais, et de l'article 2177, 2°, qui lui permet de
bénéficier de l'excédant du prix de vente sur le montant
des sommes dues aux créanciers hypothécaires. Ainsi
donc le délaissant qui se porte adjudicataire n'acquiert

point l'immeuble à nouveau ; l'adjudication n'est que la confirmation de son acquisition antérieure ; donc pas de transcription.

Je donnerai la même solution dans le cas d'un héritier bénéficiaire qui s'est porté adjudicataire des biens de la succession, car ici encore l'adjudication ne transfère rien à l'adjudicataire. Elle consolide son titre, sans déplacer la propriété. S'il est vrai qu'à l'égard des créanciers héréditaires, le défunt soit encore réputé vivant et que sa succession le représente dans ses rapports avec toute autre personne et avec le public l'héritier bénéficiaire conserve toujours la propriété et son titre d'héritier. Et Pothier nous donne pour ainsi dire déjà la solution de notre question, quand il nous dit : « L'adjudication faite à un héritier bénéficiaire d'un héritage de la succession sur la saisie réelle des créanciers ne donne pas lieu au profit de vente. La raison en est que cette adjudication ne lui transfère pas la propriété de cet héritage, qu'il avait déjà en sa qualité d'héritier, elle ne fait qu'assurer et confirmer son droit. » — Serait également dispensé de transcription le jugement d'adjudication, dans le cas où l'héritier bénéficiaire aurait usé de la faculté que lui donne l'article 802 de se décharger du paiement des dettes en faisant aux créanciers abandon des biens. L'héritier bénéficiaire administrateur de la succession peut en effet se décharger de ce mandat que la loi ne lui impose pas. Mais l'abandon des biens ne lui enlève pas la qualité d'héritier et de propriétaire, vis-à-vis de toute personne autre que les créanciers. Il n'a d'autre effet que de le soustraire aux ennuis et aux dangers d'une administration souvent fort onéreuse. Cette faculté a quelque analogie avec celle du délaissement pour le tiers détenteur. Donc ici encore pas de transcription.

Enfin, inutile de dire que nous ne soumettrons pas à transcription le jugement d'adjudication sur surenchère du sixième, lorsque l'adjudicataire surenchérisseur sera lui-même l'adjudicataire primitif. Le jugement d'adjudication sur surenchère ne fera en effet que confirmer et consolider un premier jugement d'adjudication déjà transcrit.

Il nous reste à étudier une catégorie particulière de jugements qui ne sont point des adjudications proprement dites, mais qui ont, avec elles, cet effet commun de transférer la propriété. Ce sont les jugements d'expropriation pour cause d'utilité publique. Nous pouvons nous demander quelles seront en cette matière les règles de la transmission de propriété. L'expropriation pour cause d'utilité publique a été réglementée par une loi spéciale, la loi du 3 mai 1841. De là, question de savoir si la loi de 1841 a été modifiée par la loi du 23 mars 1855, en ce qui concerne le point de vue qui fait l'objet de cette loi. L'intérêt de la question est considérable. Si l'on reconnaît que la loi de 1841 est seule applicable dans l'espèce, la transcription ne sera point nécessaire pour opérer mutation de propriété à l'égard des tiers. Par le fait seul du jugement, indépendamment de toute formalité de publicité, l'État deviendra propriétaire à l'égard de tous. Le paiement du prix, de l'indemnité, fait entre les mains du possesseur sera parfaitement valable, même vis-à-vis d'un acquéreur qui aurait fait transcrire. Les créanciers privilégiés ou hypothécaires peuvent s'inscrire utilement, non-seulement après l'expropriation consommée, mais encore dans la quinzaine qui suivra la transcription du jugement d'expropriation, selon la théorie de l'article 834 du Code de procédure sous l'empire de laquelle a été rendue la loi de 1841. Si. au contraire,

le régime nouveau de la loi de 1855 doit être appliqué
à la loi de 1841, l'État ne deviendra propriétaire dans
ses rapports avec les tiers que du jour où le jugement
aura été transcrit. A défaut de transcription, le paiement
de l'indemnité sera considéré comme non avenu à l'é-
gard d'un tiers qui ayant acheté de l'exproprié aurait fait
transcrire son titre. Les créanciers privilégiés ou hypothécaires ne peuvent utilement s'inscrire que jusqu'à la
transcription du jugement d'expropriation.

L'opinion généralement admise est que la loi du 23
mars 1855 n'a en rien modifié la loi de 1841 sur l'expropriation pour cause d'utilité publique. Plusieurs raisons me déterminent en faveur de cette manière de voir:
1° La loi de 1841 ne vise pas seulement d'une façon
générale la législation sous l'empire de laquelle elle a
été rédigée. Elle ne se borne pas à rappeler implicitement
ou explicitement le régime du Code civil et de l'article
834 du Code de procédure. Elle s'assimile leurs dispositions principales ; elle les fait siennes et se les appro-
prie. Que disent en effet les articles 16 et 17 : « Le jugement sera, immédiatement après l'accomplissement des
formalités prescrites par l'art. 15 de la loi, transcrit au
bureau de la conservation des hypothèques de l'arrondissement, conformément à l'article 2181 du Code civil.»
(La transcription est ici la formalité préliminaire de la
purge.) Et l'article 17 : « Dans la quinzaine de la transcription, les priviléges et hypothèques conventionnelles,
judiciaires ou légales, seront inscrits. A défaut d'inscription... etc. » Ce sont bien là des dispositions spéciales à
la loi de 1841, loi spéciale elle-même. Dès lors, la loi
de 1855 en abrogeant les législations générales du Code
civil et du Code de procédure a forcément laissé subsister les prescriptions spéciales de la loi de 1841. Cette

même loi de 1855 ne contient d'ailleurs aucune abrogation du système admis en matière d'expropriation pour
cause d'utilité publique. Il n'y est fait aucune allusion
dans les travaux préparatoires. Le seul discours du rapporteur au Sénat en fait mention et c'est pour déclarer
que les rédacteurs de la loi n'ont entendu en rien déroger
à la législation du 3 mai 1841, sur l'expropriation pour
cause d'utilité publique. 2° On peut d'ailleurs soutenir
que les jugements d'expropriation ne peuvent à aucun
titre rentrer dans les expressions générales dont se
servent les articles 1 et 2 de la loi de 1855 : ni dans le
mot *acte*, puisqu'il s'agit ici d'un jugement ; ni dans les
mots *jugements d'adjudication*, car les jugements d'expropriation ne sont point des adjudications. 3° Les motifs
qui expliquent le rétablissement de la transcription, à savoir la nécessité de porter à la connaissance du public
les transmissions de propriété, ne pouvaient guère recevoir leur application ici, car la loi de 1841 a organisé
elle-même un système très-complet de publicité : en-
quêtes qui précèdent le jugement d'expropriation, aver-
tissements collectifs par voie d'affiches ou insertions dans
les journaux, notifications individuelles, enfin publication
par les mêmes moyens du jugement d'expropriation,
sans parler de la publicité générale qui entoure toujours
ces mesures d'utilité publique. Tout cela rendait bien
moins nécessaire la publicité résultant de la transcription.
Je déciderai de même en ce qui touche les cessions
amiables faites par les particuliers à l'État, pour l'exécution des travaux d'utilité publique, sans l'intervention
d'un jugement d'expropriation. La publicité est la même
ici que précédemment. Les effets sont les mêmes, la solution ne saurait être différente.

§ II.

Nous avons vu quels sont les jugements assujettis à transcription. Un mot maintenant de ceux pour lesquels la loi de 1855 a organisé un mode particulier de publicité, la mention. Aux termes de l'article 4, tout jugement prononçant la résolution, nullité ou rescision d'un acte transcrit, doit dans le mois à dater du jour où il a acquis autorité de chose jugée, être mentionné en marge de la transcription faite sur le registre. Lorsque une acquisition est annulée, rescindée ou résolue, la propriété subit un changement que les tiers ont intérêt à connaître. Ne point leur révéler ce changement, ce serait faire d'un régime de publicité destiné à les éclairer et à les protéger un piége tendu à leur bonne foi et une source d'erreurs. De là, la formalité de la mention.

La résolution d'un contrat s'opère de deux manières, tantôt de plein droit, [comme la résolution d'une donation pour survenance d'enfants, tantôt par l'effet d'un jugement comme la résolution d'une convention pour inexécution des obligations de la part d'un des contractants. Dans le premier cas, la justice n'a pas à intervenir : ce n'est pas à elle à opérer la résolution. Donc, dans ce cas, pas de publicité. Cependant, s'il s'élève des difficultés entre les parties, l'intervention de la justice sera alors nécessaire et la résolution qu'elle aura constatée devra être rendue publique. Dans le second cas, le jugement prononçant résolution devra toujours être mentionné sur les registres du conservateur.

La résolution anéantit rétroactivement tous les droits qui ont été conférés sur la chose et empêche la constitution de nouveaux droits pour l'avenir. La mention ne préviendra que les ayants-cause postérieurs au jugement, ceux qui pourraient traiter dans l'avenir avec l'acquéreur. Quant aux ayants-cause antérieurs au jugement leurs droits tombent sans qu'ils soient prévenus. La mention est impuissante ici et notre loi n'a organisé pour eux aucune publicité spéciale. Dans certaines législations, en Allemagne notamment, les résolutions n'opèrent jamais que sur les droits constitués depuis l'exercice de l'action, qui est rendue publique. Chez nous, il y a un cas unique où ce système de prénotations est admis, c'est le cas de révocation d'une donation pour ingratitude. La révocation ne résout pas les droits constitués avant l'exercice de l'action ; seulement pour éviter que le donataire n'aliène la chose avant le jugement, la loi veut que la demande soit inscrite et publiée. Mais c'est là une exception dans notre droit.

Nous avons supposé jusqu'ici que l'article 4 s'applique même à un jugement portant résolution, nullité ou rescision d'une donation. Ce point-là peut être contesté. Je crois cependant que l'article 11 qui déclare ne déroger en rien aux dispositions du Code relativement à la transcription des actes portant donation n'a rien à faire ici. En effet, il ne s'agit pas de transcription, mais de mention, et le Code ne s'est occupé nulle part de la publicité des jugements qui prononcent la résolution d'une donation. Il n'y a donc aucune raison pour rejeter ici l'application de la loi de 1855.

Le mode de publicité n'est pas le même pour la mention que pour la transcription. Celle-ci est la reproduction intégrale de l'acte : la mention n'est que l'indication de l'existence de l'acte, en marge d'un autre acte transcrit. Dans le cas de transcription, les tiers ont intérêt à connaître toutes les clauses de l'acte. Dans le cas de mention, ce qu'il importe aux tiers de connaître, c'est la nullité, la rescision, la résolution prononcée par jugement.

Enfin il existe encore une différence capitale entre les deux modes de publicité au point de vue de la sanction. A défaut de transcription, l'acte valable entre les parties n'est pas opposable aux tiers. Le défaut de mention n'entraîne qu'une amende de 100 francs contre l'officier ministériel, l'avoué chargé de la requérir. On a mis en doute cette différence entre les deux sanctions, on a contesté sa raison d'être. Peut-être les motifs n'en sont-ils pas très-satisfaisants, l'intérêt des tiers étant également en jeu dans les deux cas. Peut-être le législateur a-t-il reculé devant l'idée de faire dépendre l'efficacité d'un jugement d'une formalité postérieure, d'un acte volontaire des parties. Peut-être a-t-il considéré que les tiers seront toujours mis en garde contre le danger d'une résolution soit par les clauses mêmes du contrat, soit tout au moins par la loi elle-même. Quelle qu'ait été d'ailleurs sur ce point la pensée des rédacteurs de la loi de 1855, il ne saurait être douteux que la sanction de la mention se borne à une amende et que le bénéficiaire du jugement n'ait rien à craindre de l'inaccomplissement de cette formalité.

CHAPITRE DEUXIÈME

Forme de la transcription.

Comment, où, à la diligence de qui, doit être remplie la formalité de la transcription ? Tels sont les trois points que nous avons maintenant à examiner.

I. — Le mode de publicité, établi par la loi de brumaire pour les transmissions de propriété et maintenu dans un certain nombre de cas par le Code de 1804, était, on le sait, la transcription ou copie intégrale de l'acte sur un registre public. En 1855, la commission du conseil d'État chargée de rédiger le projet de loi crut devoir en proposant le rétablissement de la transcription changer le procédé suivi jusqu'à ce jour et consistant à reproduire l'acte en entier sur les registres du conservateur. Les effets plus étendus donnés par la nouvelle loi à la transcription lui paraissaient exiger un procédé plus simple et plus rapide. En conséquence l'article 3 du projet décidait qu'une copie entière de l'acte ou du jugement serait déposée au bureau de la conservation des hypothèques, où elle resterait classée par ordre de date et transcrite *par extrait* seulement sur un registre. Ce mode de transcription, ainsi que l'a dit le rapporteur de la commission du Corps législatif, produisait une complication, sans amener une économie de temps ; il remplaçait la copie littérale du titre par un simple extrait qui n'offrait ni les mêmes garanties ni les mêmes avantages. Il présentait donc des inconvénients et des dangers. La commission s'étant entendue avec le conseil d'État pour le rejet de l'article 3, il fut décidé que le mode de transcription suivi jusqu'alors serait maintenu.

Toutefois il ne faudrait pas exagérer la portée de cette idée et étendre hors de ses limites la nécessité de la transcription intégrale de l'acte. Sans doute, en ce qui touche une convention unique ou plusieurs conventions liées inséparablement l'une à l'autre, la transcription par simples extraits ne serait point suffisante. Mais si plusieurs conventions ayant chacune une existence propre et ne dépendant point intimement les unes des autres sont relatées dans un seul et même écrit, il n'est pas nécessaire de transcrire l'acte dans son entier. On peut en détacher, pour les reproduire intégralement sur le registre, la convention qui est de nature à être transcrite, celle qui opère mutation de propriété et laisser de côté celles qui sont étrangères à la formalité de la transcription. C'est ainsi que dans un contrat de mariage il suffira de transcrire les clauses assujetties à transcription, par exemple une clause d'ameublissement, sans qu'il soit nécessaire de faire connaître au public dans leur entier les conventions matrimoniales des époux. J'en dirai autant d'un acte de société. C'est ainsi encore que si un immeuble a été vendu aux enchères par lots à différentes personnes, avec des prix distincts, les adjudicataires peuvent chacun ne faire transcrire que la partie du jugement d'adjudication qui les intéresse.

Une autre question a été soulevée, dans la discussion du projet de loi de 1855, celle de savoir si les actes sous seing privé devaient être, comme les actes authentiques, soumis à transcription. La négative a été soutenue très-énergiquement dans le sein de la commission du Corps législatif, les uns demandant le dépôt de l'acte sous seing privé dans l'étude d'un notaire, préalablement à la transcription ; les autres la dispense absolue de transcription pour cette catégorie d'actes. La question s'était déjà présentée sous l'empire de la loi de brumaire an VII et avait été tranchée par les tribunaux et par un avis interprétatif du Conseil d'État dans le sens de l'assimilation complète des actes sous seing privé aux actes authentiques, au point de vue de la nécessité de la transcription. Les raisons données en 1855 par les partisans de la distinction étaient spécieuses. On faisait valoir l'incertitude et les dangers des actes sous seing privé, les irrégularités de leur rédaction, les procès auxquels leur interprétation donne lieu, le danger des faux plus faciles

ici que partout ailleurs ; le meilleur moyen, disait-on,
d'en diminuer le nombre, c'est de décider qu'à l'avenir
les actes authentiques seront seuls soumis à transcription. Enfin on ajoutait que la transcription opérée par
une seule des parties ne pouvait faire foi contre l'autre
et que les tiers ne pourraient pas l'invoquer en l'absence
du titre original. Ces raisons ne triomphèrent point devant la majorité de la commission et devant le Corps
législatif. Il y avait évidemment exagération dans les inconvénients qu'on reprochait aux actes sous seing privé,
car, malgré leur fréquent usage, la pratique ne révèle
pas bien énergiquement les abus et les fraudes qu'on met
sur leur compte, et elle consentirait difficilement à s'en
passer. A côté de cela, que l'on mette en regard les
inconvénients du système contraire. Décider qu'on n'ad-
mettra à transcription que les actes authentiques, c'est
prohiber en fait les actes sous seing privé, c'est-à-dire
les actes que la pratique a consacrés pour les conventions
les plus usuelles, telles que la vente ou le bail. C'est forcer les parties à recourir au ministère d'un notaire, les
condamner à une perte de temps et à un surcroît de
frais ; c'est enfin et surtout porter une trop grave atteinte
à la liberté des transactions. La transcription n'a pour
but que d'avertir les tiers de l'existence apparente d'un
acte qui les intéresse, à eux de voir si cet acte réunit les
conditions nécessaires à son existence réelle et à sa validité. Quant à l'opinion qui aurait voulu exiger le dépôt
préalable de l'acte sous seing privé dans l'étude du notaire, il est à peine besoin de faire remarquer qu'elle
présente tous les inconvénients du système précédent, sans parer à aucun des dangers que celui-ci
a la prétention de prévenir. Ainsi en définitive, dans
notre législation, les actes sous seing privé comme

les actes authentiques sont assujettis à transcription.

Mais une convention qui est de nature à être transcrite, une vente par exemple, peut être purement verbale, n'être constatée par aucun écrit. Comment s'accomplira alors la formalité de la transcription ? L'acheteur qui n'a aucun titre à présenter au conservateur ne pourra-t-il point rendre son droit opposable aux tiers ? Si son vendeur est absent ou refuse de lui délivrer un titre, restera-t-il désarmé jusqu'à ce que un jugement vienne constater l'existence de la convention verbale ? Le législateur de 1855 ne paraît point avoir prévu cette hypothèse. — On pourra cependant donner à l'acheteur le droit de faire transcrire la déclaration par lui faite et affirmée de l'existence de la vente, et, en cas de refus du conservateur, d'obtenir du juge une ordonnance enjoignant à celui-ci d'avoir à mentionner sur son registre la déclaration faite par l'acheteur. On peut raisonner ainsi par analogie de ce qui a lieu, en cas de saisie faite par un créancier dépourvu de titre (a. 558 C. Pr.), et aussi dans le cas d'un créancier qui, se trouvant dans la même situation, veut faire inscrire son privilége ou son hypothèque, par exemple, un créancier qui fait inscrire sa créance, pour se prévaloir de la séparation des patrimoines. Il faut cependant reconnaître que le 3° de l'article 1er semble bien ne considérer comme possible la transcription, dans notre hypothèse , que lorsqu'il existe un jugement constatant l'existence d'une convention verbale.

Enfin les actes authentiques ou sous seing privé admis à transcription ne sont reçus par le conservateur qu'autant qu'ils ont été enregistrés. Il est vrai que le conservateur, aux termes de l'article 2199, ne peut en aucun cas refuser ni retarder la transcription des actes de mutation. Mais cette disposition n'est pas applicable ici, puisque les droits de transcription sont perçus en même temps que les droits d'enregistrement et que le conservateur doit refuser une transcription dont les droits ne sont pas payés. Mais notons que dans tous les cas, la date de l'enregistrement n'a plus d'importance aujourd'hui et que celle de la transcription seule détermine le moment où l'acte devient opposable aux tiers.

II. — Où doit être faite la formalité de la transcription? Elle doit être faite au bureau de la conservation des hypothèques dans le ressort duquel est situé l'immeuble dont il s'agit de transcrire la mutation. Créées par la loi de messidor an III, les conservations des hypothèques furent organisées par la loi du 21 ventôse an VII. On en compte une par arrondissement. Elles ressortissent de l'administration de l'enregistrement. C'est là que doit être rendue publique toute mutation de propriété ayant un immeuble pour objet. Si le domaine s'étend sur plusieurs arrondissements, il faut opérer la formalité dans les bureaux de ces divers arrondissements. Nous avons vu qu'en cas d'échange d'immeubles situés dans des arrondissements différents, la transcription devra avoir lieu dans chacun de ces arrondissements.

Le conservateur des hypothèques, lorsqu'on lui apporte un acte à transcrire, doit d'abord inscrire sur le registre d'ordre ou registre *des dépôts* la remise qui lui est faite de cet acte. Il donne ensuite aux requérants une reconnaissance sur papier timbré qui rappelle le numéro du registre, sur lequel la remise a été inscrite. Cette formalité a pour but de prévenir les inconvénients qui pourraient résulter du grand nombre d'actes présentés au conservateur et de l'impossibilité où se trouve celui-ci de donner instantanément satisfaction à chacun des requérants. L'ordre des remises étant ainsi fixé par le registre des dépôts, le conservateur doit transcrire sur le registre, dit des *transcriptions*, tous ces actes à leur date et dans l'ordre où ils ont été présentés. Mais cela ne suffirait point pour la commodité et la sûreté des recherches que le conservateur doit faire lorsqu'il en est requis par les tiers. De là, la nécessité d'un troisième registre, dit *répertoire*, dans lequel les transcriptions sont portées par extrait, non plus à la suite les unes des autres et d'après l'ordre des dates, mais sous le nom des propriétaires dont elles grèvent le passif. Le répertoire est par rapport au registre des transcriptions quelque chose d'analogue à ce qu'est le Grand-Livre des commerçants par rapport au Livre-Journal. On peut voir par là que notre système de publicité est organisé non pas sur la désignation individuelle ou cadastrale des immeubles eux-mêmes, mais sur les noms, prénoms et domiciles des propriétaires. Il n'en est point de même en Allemagne où ce système repose sur la désignation cadastrale des immeubles. Là, chaque fonds de terre désigné dans le cadastre a un compte ouvert où se portent les mutations ou modifications qui se produisent dans la propriété de l'immeuble. Ce procédé est incontestablement plus parfait et plus sûr que celui qui est suivi dans nos conservations d'hypothèques. On a proposé à plusieurs reprises de l'introduire en France, mais l'imperfection du cadastre et le morcellement excessif de la propriété foncière n'ont point permis de tenter cette innovation. Ainsi donc, chez nous, veut-on connaître les mutations dont un immeuble a été l'objet et le bilan de ses charges hypothécaires, on ne peut se renseigner qu'en désignant au conservateur les noms des personnes qui en ont eu la propriété.

Ces registres sont d'ailleurs ouverts aux investigations de toutes les personnes intéressées. Mais ce n'est point sans frais : frais de déplacement, car les bureaux de la Conservation des hypothèques sont relativement assez éloignés des intéressés ; frais de timbre et de copies souvent considérables ; car les renseignements ne se bornent pas à des indications sommaires qui suffiraient quelquefois aux parties mais sont contenus dans des extraits plus ou moins volumineux des registres, sans parler des frais de transcription proprement dits, qui se perçoivent en même temps que les droits de mutation. Les réquisitions d'extraits doivent être faites elles-mêmes par écrit, sur papier timbré, et signées des parties. Elles peuvent avoir pour objet soit un état spécial des transcriptions, soit un état général. Ainsi les tiers qui voudront simplement s'assurer, avant de traiter avec une personne qu'ils savent propriétaire d'un immeuble, si cette personne a constitué sur son fonds telle servitude ou consenti telle aliénation, pourront se contenter de requérir un état spécial de transcription de cette servitude ou de cette aliénation. Mais si elles veulent traiter en toute sécurité, elles auront à rechercher non-seulement si le propriétaire apparent a ou non conservé la propriété, mais encore si ses auteurs étaient eux-mêmes propriétaires ; ils requerront alors un état général des transcriptions qui ont eu lieu et du chef du propriétaire actuel et du chef des précédents propriétaires.

A cette réquisition ainsi faite, comment le conservateur doit-il répondre ? Lorsqu'il n'existe sur les registres aucune transcription, si la réquisition est générale, ou lorsque celle qui est demandée n'existe point en cas de réquisition spéciale, le conservateur le déclare par un acte qui, à raison de son objet, est appelé *certificat né-*

gatif. Dans le cas contraire, il donne copie entière sur papier timbré, des transcriptions qui lui sont demandées. Mais les parties pourraient n'avoir besoin que d'un certificat constatant sommairement les transcriptions qui ont été faites. Si tel est leur désir, le conservateur serait-il obligé d'y satisfaire et devrait-il donner aux parties, non pas une copie intégrale des actes transcrits, mais seulement un extrait analytique de ces actes? Ce procédé serait assurément très-désirable, car il diminuerait singulièrement les frais que nécessitent de nombreuses copies, des écritures aussi volumineuses qu'inutiles pour les parties. Ce n'est point cependant celui qui est suivi par l'administration et il faut reconnaître qu'il n'a pas été non plus celui du législateur de 1855. Le gouvernement avait, il est vrai, proposé que les transcriptions pussent se faire par extrait, ce qui eut entraîné évidemment la rédaction des états eux-mêmes par simples extraits. Mais l'article 3 de la commission ayant été rejeté et le législateur ayant exigé la transcription des actes dans leur entier, à cause des dangers ou des inconvénients que lui ont paru offrir les transcriptions sommaires ou abrégées, ce rejet paraît impliquer par une corrélation nécessaire l'abandon de la seconde proposition et par suite du système des états par simples extraits. Ajoutons que l'intérêt du fisc a pu ne pas être étranger à cette manière de voir, qui, je le répète, est celle de l'administration.

L'omission d'une transcription par le conservateur dans l'état qu'il délivre aux parties ne porte aucune atteinte aux droits de celui à la requête de qui cette transcription a été faite. Ainsi de deux acquéreurs successifs, celui-là est préféré qui le premier a fait transcrire, alors même que la transcription par lui faite aurait été, par l'erreur du conservateur, ignorée du second acquéreur qui a fait transcrire. Il en est de même du cas où le conservateur délivre à l'acquéreur d'un immeuble un certificat négatif, alors qu'il y a des hypothèques inscrites sur cet immeuble. Ici encore l'acquéreur sera sacrifié à une condition cependant particulière à cette hypothèse, c'est que l'acquéreur aura requis le certificat avant la transcription de son titre, car aux termes de l'article 2198 du Code civil, si le certificat a été demandé et délivré après la transcription du titre d'acquisition, l'acquéreur n'aura rien à redouter de l'inscription omise et le créancier dont l'hypothèque était bien et dûment publiée sera déchu de son droit de suite sur l'immeuble hypothéqué.

Dans tous les cas, le conservateur qui délivre un certificat inexact ou incomplet est responsable envers la personne lésée du préjudice qu'il lui a causé par sa faute : envers le second acquéreur, dans notre première hypothèse ; envers l'acquéreur de l'immeuble hypothéqué ou le créancier hypothécaire, suivant la distinction de l'article 2198, dans la seconde hypothèse. L'étendue de la responsabilité du conservateur est d'ailleurs réglée conformément au droit commun (article 1382 et suiv.). Ainsi il ne répond de l'omission qui lui est imputable qu'autant qu'elle est dommageable et dans les limites du dommage causé et il est responsable non-seulement de son propre fait, mais encore de celui de ses employés. Cependant les tiers envers lesquels le conservateur pourra se trouver engagé ont pour la sûreté de leurs recours deux garanties particulières : 1° une hypothèque sur les immeubles qu'il a fournis en cautionnement et sur lesquels il a dû, en entrant en charge, prendre d'office à ses frais inscription à leur profit. (Loi du 21 ventôse an VII, art. 5-8.) — 2° Un privilége sur son cautionnement en numéraire (article 2102, 7°, Code civ.). Enfin, le conservateur encourt une amende de 200 à 1,000 francs pour la première contravention et la destitution pour la seconde. Mais le paiement de cette action n'est garanti par le cautionnement qu'après le paiement des dommages-intérêts dus à la partie lésée.

III. — Un dernier point nous reste à examiner : qui peut ou doit requérir la formalité de la transcription ? Peuvent requérir la transcription l'acquéreur aussi bien que l'aliénateur et leurs ayants-cause universels ; l'aliénateur peut avoir un intérêt à requérir cette transcription, qui, en cas de vente par exemple, pourra servir à conserver son privilége. Ces personnes peuvent la requérir par elles-mêmes ou par mandataire, sans que, dans ce dernier cas, le mandataire soit tenu de représenter la procuration qui l'habilite à agir. Elles peuvent le faire, bien qu'étant incapables de s'obliger. Les représentants légaux, le tuteur du mineur ou de l'interdit, le mari administrateur des biens de la femme, le père administrateur légal, l'envoyé en possession provisoire des biens d'un présumé absent, les administrateurs des établissements publics sont tenus de requérir la transcription sans leur responsabilité. On appliquera ici par analogie les art. 940 et 942, relatifs à la transcription des donations.

Quant au notaire qui a dressé l'acte, il n'est nullement tenu de le faire transcrire, ni responsable pour ne point l'avoir fait. Il a reçu mandat des parties à l'effet de rédiger leurs conventions et surtout de donner à l'acte qui les constate le caractère de l'authenticité. Mais il n'a point reçu mandat de s'occuper des suites de l'affaire et de veiller à l'accomplissement des conditions nécessaires pour en assurer l'effet. Rien ne l'oblige donc à requérir la transcription des actes auxquels il a prêté son ministère, à moins qu'il n'en ait reçu des parties mandat exprès.

L'avoué qui a obtenu un jugement assujetti à transcription, un jugement d'adjudication, n'est pas davantage obligé de le faire transcrire. C'est là un acte extrajudiciaire qui ne rentre point dans le ministère de l'avoué. Cependant nous avons vu que la loi, voulant assurer la publicité des jugements prononçant nullité ou résolution d'un acte transcrit, oblige sous sa responsabilité l'avoué qui l'a obtenu à en requérir la mention (art. 4). Mais la loi a pris soin de le dire expressément. C'est donc une disposition exceptionnelle.

CHAPITRE TROISIÈME

Effets de la transcription et sanction de l'obligation de transcrire.

Le Code civil, abandonnant le système de publicité inauguré par la loi de brumaire, avait posé en principe que le consentement suffit pour transférer la propriété, soit entre les parties, soit à l'égard des tiers. Ainsi, sous l'empire du Code, la vente, pour prendre l'exemple le plus fréquent de conventions translatives de propriété, rend, dès qu'elle est conclue, l'acheteur propriétaire. Le vendeur dépouillé de la propriété ne peut pas conférer

sur la chose plus de droits qu'il n'en a ; dès lors tout
acquéreur, fut-il de bonne foi et dans l'ignorance la plus
complète du dessaisissement de son vendeur, sera
évincé par l'acquéreur antérieur en date. Tout créancier
au profit de qui le vendeur aura constitué hypothèque sur
l'immeuble, après son aliénation, n'aura acquis aucun
droit. Seulement, et c'est là une pure question de preuve,
comme il faut que l'antériorité de droits soit certaine à
l'égard des tiers, le droit ne prend date vis-à-vis d'eux
qu'à partir du moment où l'acte qui le constate a reçu
date certaine, par exemple par la formalité de l'enregistrement. D'où cette conséquence que de deux acquéreurs successifs d'un même immeuble, celui-là est
préféré dont le contrat a reçu le premier date certaine.
Tel était en résumé le système du Code. Nous avons vu
les inconvénients graves et les fraudes nombreuses auxquelles son application pouvait et avait en fait donné lieu.
La loi de 1855 en rétablissant la publicité des transmissions a modifié profondément cette théorie. Le principe rationnel et philosophique de la transmission entre
les parties par le seul consentement subsiste dans son
intégrité. Les rédacteurs de la loi nouvelle protestent
hautement de leur attachement à ce principe du Code
et de leurs constants efforts à ne point s'en écarter. Donc
tous les effets de la vente que nous avons signalés
comme se produisant entre les parties, dans la théorie
du Code, se réaliseront encore aujourd'hui sans aucune
modification et notamment celui-ci que l'acheteur pourra,
en l'absence de toute transcription, revendiquer l'immeuble à l'encontre de son vendeur ou des héritiers de
son vendeur. Mais, à la différence de ce que décidait le
Code, cette transmission de propriété n'existera point à
l'égard de tout le monde. Vis-à-vis des tiers et nous dé-

terminerons bientôt quelles personnes il faut comprendre
sous cette dénomination, la vente n'est plus, par elle-
même et par elle seule, translative de propriété. Les
droits acquis par l'acheteur n'ont d'existence pour eux et
ne leur sont opposables qu'autant qu'ils ont été rendus
publics par la transcription et à la date de cette transcription. Ainsi la préférence entre deux acquéreurs successifs d'un même immeuble n'est plus une question
d'antériorité de date certaine, mais une question d'antériorité de transcription. Ce dualisme dans les effets
d'une même convention entre les parties et à l'égard des
tiers peut paraître singulier à ceux qui sont étrangers aux
doctrines juridiques. Mais il ne saurait surprendre ceux
qui ont quelque connaissance des notions les plus élémen-
taires de la science du droit. Il n'y a là rien de nouveau
et cet effet purement relatif d'un acte se rencontre dans
une foule d'hypothèses. L'effet des jugements n'est-il pas
limité aux rapports des parties entre elles? (art. 1351,
C. civ.) Ne voyons-nous pas la loi considérer comme
inexistantes et destituées de tout effet à l'égard des
tiers les contre-lettres qu'elle tient pour valables entre
les parties? (art. 1321.) Quoi d'étonnant dès lors
qu'une vente dont l'existence a été tenue cachée, quoique valable inter partes, soit vis-à-vis des tiers légalement tenue pour inexistante. Cette distinction a cependant
dant été contestée par quelques auteurs qui se refusent à
reconnaître qu'un même acte puisse être translatif de
propriété vis-à-vis des uns et non vis-à-vis des autres.
On invoque en ce sens certaines paroles prononcées au
cours de la discussion par les orateurs du gouvernement.
Mais les déclarations de l'exposé des motifs et surtout du
rapport si clair et si complet fait au nom de la commission
du Corps législatif par M. de Belleyme, enfin le texte

même de l'article 3 ne permettent pas de douter sérieusement de la pensée du législateur. Que dit en effet l'exposé des motifs présenté par M. Suin? « Il ne s'agit point de porter une main sacrilége sur le Code Napoléon ; ses dispositions resteront intactes, son économie entière. Nous ne proposons que des dispositions pour ainsi dire additionnelles. » Paroles qui témoignent d'un respect sans bornes pour l'œuvre du législateur de 1804, et qui seraient de nature à nous inspirer quelques inquiétudes pour les réformes législatives de l'avenir si nous devions les prendre au pied de la lettre, et surtout si nous ne nous rappelions que la transcription avait encore alors des adversaires très-redoutables. M. de Belleyme [est plus affirmatif encore quant au point qui nous occupe : « La transcription, dit-il, comble une lacune, sans changer au Code un seul mot, un seul article..... Les principes relatifs à l'effet des conventions ne reçoivent aucune atteinte ; le consentement réciproque reste la loi des parties. L'article 1583 particulier à la vente conserve tous ses effets, toute sa portée..... etc. » Enfin l'article 3 de la loi de 1855 nous dit que jusqu'à la transcription les droits résultant des actes ou jugements énoncés aux articles précédents ne peuvent être opposés aux *tiers* qui ont des droits sur l'immeuble et les ont conservés en se conformant aux lois. Il résulte bien de tout cela que la transcription est indifférente pour transférer la propriété entre les parties et qu'elle n'a d'effets qu'à l'égard des tiers. Nous laisserons donc de côté désormais les rapports des parties entre elles, nous référant à ce que nous en avons dit, à propos de la législation du Code. Nous étudierons les effets de la transcription ou plutôt du défaut de transcription à l'égard des tiers.

Cet effet, nous dit l'article 3, consiste à rendre l'acte non opposable à certaines personnes. Mais quelles personnes peuvent ainsi se prévaloir du défaut de transcription d'un acte pour le méconnaître ? Là est la difficulté. Nous pouvons écarter d'abord les héritiers et successeurs universels du vendeur, comme nous avons écarté le vendeur lui-même. Tenus de toutes les obligations de celui auquel ils succèdent, ils doivent respecter ses aliénations et ne peuvent avoir plus de droits qu'il n'en a lui-même. Or nous l'avons vu, entre les parties, la propriété a été transférée par le seul effet de la vente. Ils ne peuvent méconnaître l'aliénation consentie par leur auteur, car ils sont tenus à la garantie envers l'acheteur. En dehors de ces personnes, vendeur ou successeurs universels du vendeur, ceux-là seulement sont des tiers dans le sens de la loi de 1855 et peuvent opposer le défaut de transcription qui satisfont aux deux conditions suivantes : 1° qui ont acquis du chef du vendeur un droit réel sur l'immeuble vendu, 2° qui ont conservé ce droit en se conformant à la loi, c'est-à-dire en le rendant eux-mêmes public. Reprenons successivement chacune de ces conditions.

1° *Il faut avoir du chef du vendeur un droit réel sur l'immeuble vendu*, c'est-à-dire un droit de propriété, d'usufruit, de servitude, d'hypothèque, etc. Ainsi un second acquéreur, un usufruitier, un créancier hypothécaire pourront en cas d'aliénation non transcrite, opposer à l'acquéreur le défaut de transcription. Au contraire ne pourront pas l'opposer les créanciers chirographaires du vendeur. En effet, M. de Belleyme, rapporteur de la loi de 1855, nous apprend que ces expressions « qui ont des droits sur l'immeuble » ont été ajoutées à l'article 3, afin d'écarter la prétention des créanciers chirographaires qui auraient pu vouloir opposer le défaut de transcription. Nous verrons plus tard qu'il n'en est pas de même de la transcription des donations, aux termes de l'article 941. D'où vient cette différence de solutions ? Il eût été logique, puisqu'on a exigé la publicité dans l'intérêt des acquéreurs de droits réels, de la rendre aussi obligatoire vis-à-vis des simples créanciers chirographaires, qui ne sont pas moins intéressés à connaître l'état de la fortune de celui avec qui ils entrent en rapports d'affaires. La sécurité de ces créanciers et la confiance qu'ils peuvent avoir dans l'efficacité de leurs droits intéresse presque aussi vivement le crédit que celle des acquéreurs de droits réels, car leur ôter cette confiance, c'est les forcer à recourir presque toujours aux garanties hypothécaires dont le crédit doit tendre à se passer. Mais la loi de 1855 est surtout une loi de crédit foncier, bien plus qu'une loi constitutive du crédit personnel : elle a pour but de protéger les acquéreurs de droits réels seulement. Quant à l'article 941, il est emprunté à d'autres sources, l'ordonnance de 1731 sur les donations, et il s'inspire d'idées tout autres, de la défaveur que le législateur attache aux actes à titre gratuit et de cette idée que le donataire *certat de lucro captando* en présence du créancier qui *certat de damno vitando*. De là, la différence de solution entre les deux hypothèses.

Le conflit entre un acquéreur et les créanciers chirographaires de son vendeur donne lieu dans certaines hypothèses à des complications très-grandes et à de graves difficultés. Une première question est celle de savoir si la position des créanciers chirographaires peut se trouver modifiée par la transcription d'une saisie immobilière vis-à-vis d'un acheteur qui n'a pas fait transcrire. Précisons d'abord la difficulté. Lorsque l'acte par lequel un débiteur a disposé d'un immeuble saisi n'a acquis date certaine qu'après que la saisie était déjà transcrite, cette aliénation ne peut porter préjudice au créancier saisissant. Peu importe que la saisie soit postérieure ou antérieure à l'aliénation. Pas de difficulté dans cette hypothèse. Il n'y en a pas davantage dans le cas où l'aliénation a été transcrite avant la transcription de la saisie. Qu'elle ait été consentie avant ou après la saisie, elle sera toujours opposable au saisissant. Mais voici où la difficulté se présente : L'aliénation a acquis daté certaine antérieurement à la saisie ou à sa transcription. Puis cette aliénation n'a pas été transcrite ou ne l'a été que postérieurement à la transcription de la saisie. Ainsi aliénation le 1er juin ; le 10, transcription d'une saisie sur l'immeuble aliéné ; le 20, transcription de l'aliénation. Telle est l'hypothèse. Le créancier chirographaire qui a fait cette saisie sur l'immeuble aliéné et qui a rendu sa saisie publique, pourra-t-il opposer à l'acquéreur le défaut de transcription ou sa transcription tardive ? Sera-t-il au contraire tenu de respecter l'aliénation ? Plusieurs solutions ont été données qui divisent encore aujourd'hui et la doctrine et la jurisprudence. Suivant les uns, l'article 3 ne protége point les créanciers qui ont fait une saisie sur l'immeuble aliéné, car ils n'acquièrent, dit-on, par la saisie aucun droit sur l'immeuble. Dans un autre système également absolu, les créanciers qui font une saisie sur un immeuble aliéné acquièrent par là une garantie réelle, un droit sur l'immeuble qui leur permet aux termes de l'article 3, d'opposer à l'acquéreur le défaut de transcription. Enfin entre ces deux systèmes opposés, se placent des opinions intermédiaires dans le détail desquelles nous n'entrerons pas. Pour nous, après bien des hésitations, voici quel est le système qui nous paraît devoir être suivi. Oui, dirons-nous, les créanciers acquièrent par la saisie de leur gage un droit réel sur les biens saisis. Sans doute la saisie n'a point pour effet de dépouiller le débiteur de la propriété, mais elle porte gravement atteinte à son droit d'administration. En effet, les créanciers saisissants peuvent le lui enlever pour l'exercer eux-mêmes ou pour le conférer à un tiers (a. 681). S'ils n'usent point de cette faculté, le saisi qui continue à détenir l'immeuble ne l'administre plus que comme un administrateur comptable, un détenteur précaire, possédant pour le compte des créanciers ; ceux-ci sont vraiment nantis de leur gage qu'ils possèdent par son intermédiaire. La saisie modifie son droit de jouissance : car il doit compte des fruits aux créanciers et vis-à-vis des créanciers hy—pothécaires même, la transcription de cette saisie a pour effet d'immobiliser les fruits que l'immeuble pourra produire dans l'avenir. — Enfin elle porte une grave atteinte à son droit de disposition, puisque la loi autorise les créanciers à considérer comme nulles et non avenues les aliénations faites par leur débiteur postérieurement à la saisie, à moins que l'acquéreur ne les désintéresse intégralement. Si tel est le droit des créanciers, si celui du saisi se trouve ainsi démembré, c'est que, comme on l'a dit, la saisie affecte la propriété et confère à ceux qui la pratiquent un droit réel sui generis. Ce premier point nous paraît démontré. Mais admettrons-nous pour cela que les créanciers saisissants auront, conformément à l'article 3, le droit d'opposer à l'acquéreur le défaut de transcription, si d'ailleurs ils ont eux-mêmes transcrit leur saisie? Une distinction nous paraît nécessaire.

D'après les termes généraux dans lesquels nous avons formulé notre hypothèse, on peut voir que deux cas peuvent se présenter : ou l'aliénation non transcrite a date certaine antérieurement à la saisie pratiquée par les créanciers et transcrite par eux, ou cette aliénation a eu lieu postérieurement à la saisie, mais avant sa transcription. Prenons d'abord la première hypothèse : l'aliénation est antérieure à la saisie. C'est un point incontestable que le gage des créanciers chirographaires suit toutes les variations que subit le patrimoine de leur débiteur. Par cela seul qu'ils n'ont exigé aucune garantie, ils ont accepté d'avance toutes les modifications qui surviennent dans sa fortune et de même que tout bien qui devient la propriété du débiteur entre dans le gage de ses créanciers, tout bien qui cesse de lui appartenir échappe à leur action. Donc l'aliénation faite dans notre hypothèse par le débiteur, quoipue non transcrite, est opposable aux créanciers chirographaires et la saisie qu'ils pratiqueraient sur l'immeuble aliéné serait faite sur le bien d'autrui, c'est-à-dire nulle et non avenue. Qu'on ne dise pas qu'ils ont acquis un droit réel qui leur permet de repousser l'acquéreur. Leur saisie étant nulle n'a pu leur conférer aucun droit. Quant à la transcription qu'ils en ont faite, elle ne saurait la valider. L'aliénation, quoique non transcrite, l'emportera donc dans ce cas sur la saisie.

Mais à l'inverse, si nous supposons que l'aliénation a eu lieu postérieurement à la saisie, bien qu'avant sa transcription, la saisie pratiquée par les créanciers sera valable ab initio, un droit réel est donc né à leur profit. Ils peuvent donc se prévaloir de l'article **3** et opposer avec succès à l'acquéreur le défaut de transcription de l'aliénation.

Nous appliquerons la même solution à une hypothèse analogue, celle de la faillite du vendeur. Un commerçant aliène un de ses immeubles, puis il tombe en faillite avant que l'acquéreur ait fait transcrire son titre. La masse des créanciers pourra-t-elle se prévaloir du défaut de transcription? Je crois qu'il faut répondre négativement. La vente, quoique non transcrite, étant valable quant aux créanciers du vendeur, l'immeuble vendu cesse d'être leur gage. La faillite dessaisit, il est vrai, ce dernier, mais ses créanciers n'acquièrent des droits que sur les biens dont se compose en ce moment son patrimoine. Quant à ceux qui en sont sortis définitivement et régulièrement avant la faillite, comment celle-ci aurait-elle la vertu de les faire rentrer dans le gage de ses créanciers ? Il est vrai que la loi annule dans l'intérêt des créanciers du failli les hypothèques qui sont restées occultes jusqu'au moment de la faillite (a. 2146 C. civ. et 448 C. com.). Mais il y a une raison pour qu'il n'en soit pas de même des aliénations non transcrites. En effet le défaut d'inscription d'une hypothèque peut être invoqué par les créanciers chirographaires, tandis que ces mêmes créanciers ne peuvent point se prévaloir du défaut de transcription. Quelques personnes tiennent pour valable la transcription faite après la faillite, mais avant l'inscription prise par le syndic au nom de la masse (a. 490 C. com.). Pour nous, nous n'avons pas à discuter la question de savoir si l'article 490 a véritablement établi au profit de la masse un droit réel, une hypothèque légale. La logique de notre système nous commande d'admettre même après l'inscription de l'article 490, la possibilité de transcrire l'aliénation consentie avant la faillite. — J'en dirai autant du cas où le vendeur étant mort, sa succession a été acceptée sous bénéfice d'inventaire. Ici encore les créanciers ne pourront méconnaître la vente non transcrite qu'on leur oppose. Nous reconnaissons cependant que toutes ces solutions sont très-controversées. Elles ont été défendues avec beaucoup de talent par M. Mourlon dans son traité sur la Transcription, n°s 476 et suiv.

Enfin pour terminer ce qui concerne le conflit entre l'acquéreur et les créanciers chirographaires, notons que ces derniers ne pourront pas opposer à l'acquéreur le défaut de transcription, bien qu'après le décès du vendeur ils aient inscrit le droit de séparation des patrimoines établi à leur profit par l'art. 2111 du Code civil. En effet, quelle que soit l'opinion que l'on adopte sur la nature du droit, on reconnaît que cette inscription n'a d'effets qu'au regard des créanciers de l'héritier, et que, par suite, elle est étrangère aux rapports des créanciers héréditaires avec les ayants-cause du défunt.

Continuons l'examen des personnes qui peuvent se prévaloir du défaut de transcription. De ce principe que pour méconnaître un acte non transcrit, il faut avoir du chef de l'aliénateur un droit sur l'immeuble, il résulte que l'aliénation serait pleinement opposable, indépendamment de toute transcription à un tiers possédant l'immeuble sans titre ou en vertu d'un titre émané a non domino, notamment à un usurpateur.

Il y a cependant un tiers qui ne serait pas l'ayant-cause de l'aliénateur et à l'égard duquel on peut se demander s'il pourra opposer le défaut de transcription : il faut supposer une aliénation faite *a non domino* ; l'acquéreur de bonne foi n'a pas fait transcrire et il a possédé dix ans ; au bout de ce temps le véritable propriétaire se présente. L'acquéreur apparent pourra-t-il invoquer contre le propriétaire la prescription décennale fondée sur la bonne foi et le juste titre ? ou bien le propriétaire pourra-t-il lui opposer le défaut de transcription de son

titre? Je crois que ni le propriétaire ni ses ayants-cause
ne pourront se prévaloir du défaut de transcription pour
repousser la prescription décennale. En effet le titre dont
il s'agit ici n'est pas invoqué en tant que titre ayant transféré la propriété, mais comme titre de nature à la transférer et à servir de fondement à la prescription. L'effet
de cette prescription est de faire considérer le possesseur avec juste titre et bonne foi comme ayant acquis du
véritable propriétaire. Or s'il avait acquis du véritable
propriétaire, l'aliénation, quoique non transcrite, serait
opposable à ce dernier. D'ailleurs le défaut de transcription ne peut être invoqué par ceux en faveur desquels la
transcription est prescrite et il nous paraît certain que
cette formalité n'est exigée qu'en faveur des tiers qui
ont traité ou qui traiteront pour l'avenir avec l'aliénateur.
Pour tout autre personne et par conséquent pour le véritable propriétaire et pour ses ayants-cause, l'acte de
vente n'a d'autre vice que celui qui résulte de l'absence
de droits de la part de l'aliénateur. Enfin les termes
mêmes de la loi nous montrent bien que la question de
transcription ne peut s'agiter qu'entre ayants-cause successifs d'une même personne et qu'entre eux la publicité
est affaire d'antériorité. Ici aucune question d'antériorité.

Aux termes de l'article 26 de la loi de brumaire, le
droit d'opposer le défaut de transcription de l'aliénation
n'appartenait qu'aux tiers qui avaient acquis des droits
en contractant avec le vendeur. La loi de 1855 est moins
restrictive. On reconnaît généralement qu'elle s'applique
non-seulement à ceux qui ont contracté avec le vendeur,
mais encore à ceux qui ont acquis des droits de son chef
par quasi-contrat et même par le seul effet de la loi.
Ainsi le droit d'opposer le défaut de transcription appar-

tient à un mineur, si le vendeur est son tuteur, à l'État, s'il est administrateur comptable, enfin à toute personne ayant acquis hypothèque en vertu d'un jugement sur les biens de l'aliénateur.

D'après les expressions générales de l'article 3, toute personne qui a acquis du chef du vendeur un droit sur l'immeuble pouvant se prévaloir du défaut de transcription de l'aliénation, il ne semble point douteux que le donataire ne puisse méconnaître une vente antérieurement consentie, mais non rendue publique. Il a un droit réel sur l'immeuble vendu : il l'a acquis du chef du vendeur et l'a conservé, nous le supposons, en faisant transcrire son titre. Comment pourrait-on ne pas le comprendre parmi les tiers dont parle l'article 3 ? M. Troplong a cependant essayé de le faire. Il part de ce point de vue qu'un donataire postérieur ne peut opposer à un donataire antérieur le défaut de transcription, et que dès lors, *à fortiori*, il ne peut l'opposer à un acheteur dont le titre n'a pas été publié, car entre deux contendants dont l'un *certat de lucro captando*, l'autre *de damno vitando*, le litige doit évidemment être vidé en faveur du second.

Nous contestons d'abord le point de départ de l'auteur. Nous prouverons dans notre troisième partie qu'un second donataire peut très-bien opposer le défaut de transcription à un donataire antérieur. Quant à l'injustice qu'il y aurait à préférer une personne qui certat de lucro captando à une autre qui certat de damno vitando, elle ne nous paraît pas suffisante pour nous permettre de faire une distinction arbitraire. Est-ce que, sous le Code lui-même, le défaut d'inscription ne peut pas être opposé aux créanciers hypothécaires non inscrits par les créanciers et les acquéreurs à titre gratuit comme par les créanciers et acquéreurs à titre onéreux ?

Et d'ailleurs, la loi est aussi formelle que possible, pour repousser la distinction qu'on voudrait introduire. La loi de brumaire était générale et absolue dans ses termes. Elle déclare l'acte non opposable aux tiers qui auraient contracté avec le vendeur. L'article 3 de la loi de 1855 ne l'est pas moins : « Les tiers qui ont des droits sur l'immeuble », dit-il. Comment exclure de ces formules les acquéreurs à titre gratuit ? Il n'est pas juste, dit-on, de préférer un donataire à un acheteur. Mais ce n'est pas du donataire seul que la loi se préoccupe ici, elle a aussi en vue l'intérêt des créanciers auxquels il peut constituer hypothèque, et lui-même d'ailleurs ne combat pas toujours, comme on le dit, de lucro captando. — M. Troplong objecte que l'acheteur aurait toujours l'action paulienne, par laquelle il pourrait faire tomber la donation faite en fraude de ses droits, sans même avoir à prouver la complicité du donataire, qu'il serait dès lors inutile de permettre à ce dernier d'opposer le défaut de transcription de la vente. C'est un argument semblable à celui que nous trouverons à propos du conflit entre deux donataires. Nous répondrons que, si l'action paulienne était admissible dans notre matière, il faudrait aller jusqu'à dire qu'un second acheteur ne pourrait pas, s'il a eu d'ailleurs, en contractant, connaissance de la première vente, opposer à l'acheteur primitif le défaut de transcription de son titre : ce que M. Troplong lui-même n'admet pas. Et d'ailleurs l'action paulienne, fût-elle admissible ici, ne pourrait avoir lieu qu'à des conditions exceptionnelles, s'il y a eu fraude d'abord, ce qui peut ne pas se rencontrer dans l'hypothèse où la donation a été faite par l'héritier du vendeur et en outre si le donateur a créé ou augmenté son insolvabilité par suite de la libéralité qu'il a faite.

2° *Il faut que l'on ait conservé son droit en se conformant aux lois.* — Ainsi entre deux acheteurs qui n'ont, ni l'un ni l'autre, satisfait au principe de la publicité, la préférence se règle eu égard à la date certaine de leurs titres, comme sous l'empire du Code.

Les expressions générales dont se sert l'article 3 de la loi de 1855 pourraient s'appliquer aux légataires. Ce sont des tiers qui ont des droits sur l'immeuble. Mais la seconde condition qu'il exige, pour pouvoir opposer le défaut de transcription, à savoir : « que l'on ait conservé son droit en se conformant aux lois » prouve bien qu'il ne peut être question ici des légataires puisque le legs n'est point au nombre des actes soumis à la publicité. Cela résultait formellement de l'article 26 de la loi de brumaire. On se rappelle, en effet, que l'article parlait des tiers qui ont *contracté* avec le vendeur. Si la loi de 1855 s'est servie d'expressions plus générales, c'est qu'elle a voulu prévoir l'hypothèse d'un droit acquis autrement que par contrat, par exemple une hypothèque légale ou judiciaire. Au fond les travaux préparatoires nous montrent bien que les rédacteurs de la loi de 1855 n'ont pas songé à appliquer l'article 3 au légataire.

Cette seconde condition soulève une difficulté dans l'hypothèse suivante : Pierre vend son immeuble à Primus qui ne fait pas transcrire son titre. Primus revend ensuite le même immeuble à Secundus. Suffira-t-il à Secundus de faire transcrire son titre d'acquisition, pour être complétement à couvert contre les actes que pourra consentir Pierre, le vendeur originaire ? Question qui peut se formuler ainsi : Lorsqu'on a acheté un immeuble d'une personne qui elle-même n'avait pas fait transcrire, est-on en règle avec la loi si on se borne à faire revêtir son propre titre de la transcription? Ou bien devra-t-on pour se mettre à l'abri des actes qui pourraient émaner du vendeur primitif, faire transcrire aussi le titre de son auteur? La question s'était déjà présentée sous l'empire du Code, à propos de la purge des hypothèques, dont la transcription était alors le préliminaire obligatoire. Depuis la loi de 1855, la question a une importance nouvelle au point de vue de la transmission de la propriété. Supposons, en effet, que dans l'hypothèse précédente, Pierre, le vendeur originaire, aliène de nouveau l'immeuble au profit de Tertius. Tertius fait transcrire son titre, alors que Secundus a déjà rempli cette formalité pour le sien, sans rendre public celui de Primus, son auteur. Il semble bien, à première vue, que Secundus ait fait tout ce que la loi lui prescrivait, pour pouvoir repousser la revendication de Tertius. En effet, d'après l'article 3, ceux-là peuvent opposer le défaut de transcription qui ont un droit sur l'immeuble aliéné et qui l'ont conservé en se conformant à la loi. Or Secundus remplit ces deux conditions. Nulle part la loi n'exige de lui qu'il transcrive non-seulement son propre titre, mais aussi ceux de tous les acquéreurs antérieurs dont le droit est resté clandestin.

Il faut bien reconnaître cependant que les principes nous conduisent à une solution contraire. La première vente, celle de Pierre à Primus, n'ayant pas été rendue publique, ne peut être opposée aux tiers, qui pourront acquérir plus tard des droits sur le même immeuble du chef de Pierre. Celui-ci, à leur égard, est resté propriétaire. Ils ont donc acquis valablement de lui les droits qu'ils ont du reste consolidés par la publicité. Quant à Secundus, étant l'ayant-cause de Primus qui, au regard des tiers, n'avait rien acquis, il ne peut avoir plus de

droits que n'en avait Primus, et la publicité qu'il a donnée à son titre ne peut suffire à couvrir la clandestinité
du titre de ce dernier. Il est impossible d'admettre que
par le seul effet de la revente de Primus à Secundus et
de la transcription de cette revente, le titre de Primus
ait été affranchi de la formalité de la transcription, à laquelle le soumettait la loi de 1855. Primus, n'ayant acquis qu'une propriété relative, n'a pu transmettre à Secundus une propriété absolue et la transcription que ce
dernier fait de son titre ne peut avoir pour effet de lui
donner ce caractère.

Les considérations pratiques qui militent en faveur de
ce système ne sont pas moins puissantes que les principes
qui nous y ont conduits. Nous connaissons l'organisation
des conservations hypothécaires. La publicité des mutations immobilières repose, nous l'avons vu, non sur la
désignation individuelle ou cadastrale des immeubles
eux-mêmes, mais sur les noms des propriétaires aliéna-
teurs. Dès lors quelle est la publicité qui peut résulter
pour les tiers de la transcription de son propre titre faite
par Secundus ? Sans doute ceux qui traitent avec Primus
pourront facilement et sûrement connaître en s'adres-
sant au conservateur, si celui-ci est encore propriétaire
de l'immeuble ou s'il s'en est dessaisi par une aliénation.
Mais que pourront apprendre les tiers qui traiteront avec
Pierre ? S'ils se renseignent auprès du conservateur,
celui-ci leur répondra forcément par un état négatif de
transcription : car les mutations sont transcrites sous le
nom des propriétaires, et jamais sous la désignation individuelle des immeubles, et aucune transcription n'a eu
lieu au nom de Primus, l'acheteur originaire. On ne
peut donc opposer à Tertius la série des aliénations qui
toutes n'ont pas été transcrites, de telle façon que la

chaîne des mutations soit interrompue pour lui.

Je donnerai la même solution au cas où l'aliénation consentie par Pierre à Primus se trouve relatée dans l'acte de mutation de Primus à Secundus. La question est cependant plus délicate ; car l'acte qui a fait sortir une propriété du patrimoine de Pierre est indiqué au conservateur, dans le titre de Secundus ; il peut donc transcrire séparément cette première aliénation et en donner connaissance aux tiers qui lui demandent un état des mutations consenties par Pierre. Mais nulle part, il faut bien le reconnaître, la loi n'impose au conservateur cette lourde obligation de lire, d'étudier à ses risques et périls et sous sa responsabilité, toutes les clauses des actes qui sont présentés à transcription pour en faire, le cas échéant, une transcription spéciale. Sa mission se borne à transcrire des actes et non à rechercher les aliénations non transcrites qu'un acte transcrit pourrait renfermer.

Nous avons étudié les conditions requises de la part de l'acquéreur par la loi de 1855 pour pouvoir opposer le défaut de transcription. Il faut ajouter à cela que certaines fins de non recevoir pourront être opposées aux tiers qui voudraient s'en prévaloir. Et d'abord il est évident que le défaut de transcription ne peut être invoqué par ceux qui sont, sous leur responsabilité, chargés d'y faire procéder. Le Code civil, reproduisant en cela l'ordonnance de 1731 sur les donations, la décide formellement en matière d'aliénation à titre gratuit. (a. 941). La loi de 1855 ne reproduit pas il est vrai cette disposition, dans les aliénations à titre onéreux ; mais l'équité et la logique nous commandent de l'admettre. Comment celui-là pourrait-il évincer l'acquéreur, qui, après l'éviction, serait tenu de l'indemniser du dommage qu'il lui aurait causé ? Nous appliquerons cette règle à tous ceux qui, en leur qualité de tuteur, de mari, d'administrateur légal, judiciaire ou conventionnel, sont tenus de faire transcrire. Nous l'appliquerons aussi aux successeurs universels ou à titre universel de ces mêmes personnes. Mais nous hésiterions à l'étendre à leurs ayants-cause à titre particulier ; car ce sont des tiers, d'après les termes mêmes de l'article 3, et l'art. 941, en admettant qu'il s'applique aux ayants-cause à titre particulier des personnes chargées de requérir la transcription, est trop contraire aux principes de la loi de 1855 pour recevoir application dans notre matière.

La connaissance indirecte qu'a eue un second acquéreur d'une aliénation antérieure non transcrite ne saurait être considérée comme une fin de non recevoir et un obstacle à ce qu'il oppose le défaut de transcription, si d'ailleurs il a lui-même fait transcrire son titre. Cette doctrine a toujours été admise par la Cour de cassation, et par la grande majorité des auteurs. Elle a cependant rencontré, de nos jours encore, des adversaires. (V. M. Boissonade, Rev. prat., t. 30, p. 537.) Pour nous, l'historique de notre matière, les textes du Code, l'esprit de la loi ne nous permettent pas de la répudier. L'historique : il a toujours été admis dans notre ancien droit, que l'insinuation prescrite pour les donations et substitutions ne pouvait être accomplie par équivalent ni suppléée par une connaissance de fait. (V. Pothier, Traités des Donations et des Substitutions.) Sous l'empire de la loi de brumaire, qui ne contenait cependant aucune disposition formelle, la Cour de cassation a décidé dans le même sens par un arrêt du 3 thermidor an XIII, ainsi motivé : « On ne peut pas accuser de fraude celui qui achète un immeuble qu'il avait pu savoir déjà vendu à

un autre tant que cette première vente n'est pas transcrite et conséquemment qu'il n'y a pas eu translation
de propriété, car il n'y a pas fraude à profiter d'un avantage offert par la loi et c'est au premier acquéreur à
s'imputer à lui-même s'il n'a pas usé d'une égale diligence pour transcrire son titre. » — Les textes du Code
nous montrent que le législateur moderne ne s'est pas
écarté sur ce point de l'ancien droit : l'art. 1071 en
matière de substitutions nous dit que le défaut de transcription ne pourra être couvert par la connaissance que
les créanciers ou les tiers acquéreurs pourraient avoir eue
de la disposition par d'autres voies que celle de la transcription, et bien qu'il n'y ait point de disposition semblable au titre des Donations, on n'a jamais douté que la
même solution ne leur fut applicable. — L'esprit de la
loi : comment admettre en effet que le législateur de
1855 ait entendu consacrer pour la transcription des
actes à titre onéreux, une théorie contraire à celle du
Code si clairement exposée par l'article 1071, sans que
rien, ni dans le texte de la nouvelle loi, ni dans les travaux préparatoires, ne nous indique que les principes
admis jusqu'alors aient été abandonnés? Ce serait là de
l'arbitraire. Les principes généraux suffiraient d'ailleurs
pour nous convaincre : car, aux termes de l'article
1352 du Code, « nulle preuve n'est admise contre la
présomption de la loi, lorsque, sur le fondement de cette
présomption, la loi annule certains actes, si elle n'a
d'ailleurs réservé la preuve contraire. » Or l'aliénation
non transcrite est réputée nulle à l'égard des tiers.

On ajoute cependant, dans notre système, que s'il y
avait fraude concertée entre le vendeur et celui qui a
transcrit, ce dernier ne serait pas recevable à opposer le
défaut de transcription, car il serait mal venu à argu-

menter de sa fraude. M. Suin, dans son Exposé des motifs, exprime la même restriction : « La vente qui a été
transcrite la première exclut, dit-il, toutes les autres, à
moins que celui qui le premier a rempli cette formalité
n'eût participé à la fraude. » Mais que faut-il entendre
par cette fraude ? Il faut, je crois, n'accepter cette restriction au principe qu'avec une grande réserve, sous
peine de voir ce principe lui-même, disparaître devant
une exception qui en serait la négation absolue. Je ne
vois guère pour moi qu'un seul cas où il y ait fraude,
et où la règle générale que nous avons admise doive être
écartée : c'est le cas où le second acheteur a employé
la violence ou des manœuvres frauduleuses pour empêcher le premier acheteur de faire transcrire son titre.
Dans ce cas seulement, je lui refuserais le droit de se
prévaloir du défaut de transcription.

Quand deux acheteurs successifs d'un même immeuble ont fait transcrire tous les deux à des jours différents,
le premier transcrivant l'emporte sur l'autre. Mais que
décider dans le cas où les deux transcriptions ont eu lieu
le même jour ? Il faut nécessairement qu'une des deux
aliénations soit méconnue et on ne peut appliquer ici la
règle suivant laquelle les hypothèques inscrites le même
jour sont toutes placées sur le même rang, sans distinguer l'heure où l'inscription a été requise (a. 2147).
Divers systèmes ont été proposés : suivant les uns, la
préférence doit appartenir à celui des deux actes qui le
premier a reçu date certaine : suivant d'autres, elle doit
se régler d'après l'ordre des mentions faites sur le registre des dépôts. Dans une troisième opinion, qui nous
paraît préférable, celui-là aura le pas sur l'autre dont
l'acte aura été porté le premier sur le registre des
transcriptions. La loi nous dit en effet que la préférence

entre deux acquéreurs successifs appartient à celui qui le premier a fait transcrire. Cette circonstance que les deux transcriptions ont eu lieu le même jour n'empêche point qu'une d'elles ne soit antérieure à l'autre. Il est vrai que c'est mettre aux mains du conservateur un pouvoir dangereux. Mais la loi ne le lui refuse point par cela seul qu'elle n'a pas édicté ici une disposition analogue à celle de l'article 2147, en cas d'hypothèques inscrites le même jour. Quant au registre des dépôts, il ne saurait faire foi ici ; car, vis-à-vis des tiers, il n'y a de registre légal, de registre faisant preuve, que le registre des transcriptions. C'est donc ce registre seul qui doit régler les conflits entre eux.

Notons, avant de terminer ce sujet, que l'acheteur évincé pour n'avoir pas fait transcrire, ou pour avoir fait une transcription tardive, a toujours un recours contre son vendeur à l'effet d'obtenir la restitution de son prix et même des dommages-intérêts. Il est évident en effet que l'acheteur n'est pas obligé de faire transcrire, tandis que le vendeur est obligé envers lui à s'abstenir de tout acte de nature à l'évincer. Que si la seconde vente a eu lieu après la transcription de la première, le second acquéreur n'aura point d'action en garantie contre son vendeur, si d'ailleurs il a eu connaissance de la première vente, car s'il l'a ignorée, quoique transcrite, il peut très bien actionner le vendeur, le conflit s'élevant ici entre vendeur et acheteur, et la vente transcrite n'étant présumée connue de l'acheteur que dans ses rapports avec les tiers.

APPENDICE

Dispositions spéciales relatives aux baux.

Nous avons parlé jusqu'ici d'actes contenant constitution ou transmission de droits réels immobiliers. Mais il y a une autre catégorie d'actes qui affecte d'une manière aussi grave et aussi onéreuse la propriété immobilière. Ce sont les *baux*. Un bail d'une certaine durée est une charge aussi grande pour l'acquéreur d'un immeuble ou pour le créancier hypothécaire qu'un droit réel, usufruit ou servitude, précédemment consenti. La loi de 1855 n'a point jugé suffisant d'assujettir à la publicité les droits réels immobiliers, en laissant ignorer aux tiers les baux de longue durée qui peuvent être aussi préjudiciables à leurs droits. L'article 2, § 4, soumet donc à la transcription les baux d'une durée de plus de dix-huit ans, et l'article 3, 2° décide qu'un pareil bail non transcrit ne pourra être opposé aux tiers pour une durée plus longue.

Le législateur est ici sorti du domaine des droits réels, et le rapporteur, M. de Belleyme, reconnaît lui-même que la publicité donnée aux baux est une invasion faite dans le domaine des droits personnels. C'est là un puissant argument contre ceux qui soutiennent la réalité du droit du locataire. Ils ne peuvent point se prévaloir de la disposition admise par la loi de 1855, car le bail n'est pas assujetti à la transcription en sa qualité de droit réel, mais à cause de sa durée, et le fait seul de ne l'exiger

que pour une durée déterminée prouve suffisamment,
indépendamment de la déclaration de M. de Belleyme,
que le législateur de 1855 a envisagé le droit du preneur
comme purement personnel.

Examinons les principales hypothèses de conflit qui
peuvent se produire entre un acquéreur de la propriété
et un preneur ayant un bail de plus de dix-huit
ans.

1° Le bail a précédé l'aliénation de l'immeuble. D'a-
près le Code civil (a. 1743) l'acquéreur n'est tenu de
respecter les baux que s'ils ont date certaine avant la
vente. La loi de 1855 modifie ce principe. Si le bail est
de moins de dix-huit ans, l'art. 1743 continue d'être
applicable ; il suffit que le bail ait reçu date certaine antérieure à la vente pour être opposable à l'acquéreur. Si
le bail excède dix-huit ans, l'acquéreur n'est tenu de le
respecter qu'autant que le preneur a rempli la formalité
de la transcription. Dans le cas contraire, le bail n'est
opposable à l'acquéreur que pour une durée de dix-huit
ans. Mais quel est le point de départ de ce délai? La
question fut soulevée au Corps législatif par M. Duclos,
qui appela sur ce point une solution législative. Il lui fut
répondu que le projet avait été élaboré par les hommes
les plus compétents, et qu'aucun d'eux n'y avait trouvé
les obscurités signalées. Cet optimisme n'a pas été par-
tagé depuis par les commentateurs de la loi et par les
tribunaux chargés de l'appliquer. On peut compter jusqu'à quatre systèmes sur la question en litige. D'après
les uns, le point de départ des dix-huit années se place
au jour où la vente a été transcrite ; d'après d'autres, au
jour même de la vente ; une troisième opinion fait
courir les dix-huit ans du jour de l'entrée en jouissance
du preneur ; enfin un dernier système décide que le bail

sera divisé en périodes de dix-huit années, et que le preneur terminera la période dans laquelle il se trouve au moment de la transcription de la vente. Pour moi, le bail peut durer encore dix-huit ans au plus, à compter du jour où le conflit s'élève entre le preneur et l'acquéreur. Or le conflit existe, dès que la vente est consentie; dès ce moment les deux droits se trouvent en présence, et les dix-huit années de bail, que l'acquéreur doit subir, commencent à courir.

2° Le bail a été consenti après la vente de l'immeuble. Si l'acquéreur fait transcrire avant la transcription du bail, il est à l'abri de toute atteinte. Mais il ne fait pas transcrire ou bien le preneur transcrit avant lui. La priorité de transcription donne-t-elle ici priorité de droit? La question est controversée : la solution dépend en effet de la question de savoir si le droit du preneur est réel ou personnel. Si l'on admet la réalité du droit du locataire, celui-ci étant dès lors un tiers ayant un droit réel sur l'immeuble, peut opposer à l'acquéreur le défaut de transcription (art. 3). Si l'on décide au contraire, comme nous l'avons fait à la suite du législateur de 1855, que le locataire n'a qu'un droit de créance, il ne peut dès lors opposer le défaut de transcription et l'art. 1743 reprend tout son empire. L'acquéreur ne sera pas tenu de respecter le bail.

Il y a encore une autre catégorie d'actes qui doivent être assujettis à la transcription, car ils pouvaient, comme les baux eux-mêmes, porter atteinte aux droits de l'acquéreur. Avant la loi de 1855, l'acheteur, le créancier hypothécaire se voyaient souvent opposer des quittances, des cessions de fermages auxquelles ils ne s'attendaient pas et ils se trouvaient ainsi privés pendant un certain temps des revenus de l'immeuble sur lesquels ils avaient compté. L'article 2, § 5, de la loi de 1855 soumet à transcription ces paiements, ces cessions anticipées, lorsqu'elles sont d'une somme équivalente à trois années de fermages ou loyers. A défaut de transcription, elles ne seront pas opposables à l'acquéreur au regard de qui elles n'ont pas été rendues publiques.

TROISIÈME PARTIE

TRANSMISSION A TITRE GRATUIT.

Nous avons étudié la transmission à titre onéreux de la propriété foncière. La loi de 1855 qui a réglementé cette matière ne s'occupe point de la transmission à titre gratuit. L'article 11 nous dit en effet : « Il n'est point dérogé aux dispositions du Code Napoléon relatives à la transcription des actes portant donation ou contenant des dispositions à charge de rendre ; elles continueront à recevoir leur exécution. » Ainsi deux sortes de dispositions à titre gratuit, restées en dehors de la loi de 1855, et par conséquent sous l'empire du Code, nous restent à étudier. Ce sont les *donations* et les *substitutions*. Avant d'aborder l'étude de chacune d'elles, nous devons jeter un coup d'œil sur le passé et retracer plus spécialement l'historique de la transmission à titre gratuit que nous avons dû laisser incomplet, dans notre première partie pour exposer d'une manière générale l'historique de la transmission de propriété.

CHAPITRE PREMIER.

Donations.

HISTORIQUE.

1. — Pendant longtemps, la donation n'eut pas à Rome des formes spéciales, de nature à la distinguer des autres causes de transmission de la propriété. Elle s'accomplissait par les modes ordinaires, la mancipatio ou l'in jure cessio s'il s'agissait de res mancipi, la tradition, pour les res nec mancipi. Tel était encore le droit à l'époque des jurisconsultes.

Ce n'est qu'avec les empereurs chrétiens que s'établit un nouveau principe, la nécessité de formes spéciales pour consommer la donation. Constance Chlore prescrivit que la donation fût *insinuée* actis intervenientibus, c'est-à-dire constatée par un acte déposé dans les archives publiques. Le dépôt devait se faire dans les archives de la province ou du municipe où le fonds donné serait situé. A défaut d'insinuation, la donation était nulle, et cela à l'égard de tous, car, et c'est là ce qui la distingue des formalités que nous avons précédemment étudiées, l'insinuation était une forme intrinsèque essentielle à l'existence et à la validité de la donation. Le donateur lui-même pouvait s'en prévaloir et répéter la chose qu'il avait précédemment donnée. Constantin, qui nous parle de cette insinuation comme d'une innovation due à son père, prescrivit, mais sans attacher la peine de nullité à l'inobservation de cette règle, que l'acte constatant la donation fût écrit en présence de témoins et que la chose donnée fût livrée au donataire également en présence de témoins. Cette constitution fut probablement abrogée par Zénon. Quant à l'insinuation, elle subsista jusque dans le dernier état du droit. Quelques exceptions furent apportées au principe par divers empereurs : Théodose et Valentinien en dispensèrent les donations dont la valeur ne dépasserait pas deux cents solides. Justinien porta ce chiffre à cinq cents solides. Au reste, l'insinuation conserva toujours son caractère ; elle continua à être un frein contre les libéralités irréfléchies, en même temps qu'un moyen d'assurer la conservation de l'acte, bien plus qu'une mesure de publicité destinée à prévenir les tiers de la mutation de propriété.

II. — A l'époque franque, nous retrouvons le dépôt de donations dans les archives publiques, pratique romaine qui s'était conservée surtout dans les pays où l'influence du droit romain s'était maintenue prédominante, et de la part des personnes qui, comme l'Église, avaient gardé les souvenirs et les traditions de la civilisation romaine. Mais nous avons eu occasion de dire qu'on déposait également dans les archives les actes importants de toute nature, autres que les donations, dont on voulait assurer la conservation. Il ne faut donc pas voir dans cette pratique la continuation de la formalité de l'insinuation établie spécialement pour les donations. En dehors de cet usage, et particulièrement dans les pays du nord de la France, l'ensaisinement ou investiture transférait la propriété à titre gratuit comme à titre onéreux. L'insinuation disparut donc, comme tant d'autres institutions du droit romain, dans la barbarie de l'époque franque et le chaos des institutions féodales.

La renaissance de l'étude du droit romain la fit rentrer dans notre droit coutumier. Ce fut François Ier qui la rétablit. La célèbre ordonnance de Villers-Cotterets (1539) l'introduisit dans notre législation. L'article 132 s'exprimait ainsi : « Nous voulons que toutes donations qui seront faites ci-après, par et entre nos sujets, soient insinuées et enregistrées en nos cours et juridictions ordinaires des parties des choses données ; autrement seront réputées nulles et ne commenceront à avoir leur effet que du jour de la dite insinuation. » Le défaut d'insinuation entraînait donc nullité absolue de la donation à l'égard de tous, et cette nullité pouvait être invoquée par le donateur lui-même. C'était la reproduction pure et simple du système romain.

Ce dernier point fut modifié par l'ordonnance de Moulins de 1566. Elle maintenait la formalité de l'insinuation, mais l'article 58 ajoutait qu'à défaut de cette formalité « seront et demeureront nulles les dites donations et de nul effet et valeur, tant en faveur du créancier que de l'héritier du donnant. » Ce qui excluait implicitement le donateur du nombre des personnes capables d'opposer le défaut d'insinuation. Il y avait là déjà un commencement d'organisation de la publicité dans l'intérêt des tiers : car eux seuls pouvaient se prévaloir de la clandestinité de l'acte, qui était parfaitement valable entre les parties.

Depuis, différents édits, déclarations ou ordonnances furent rendus par nos rois sur cette matière, jusqu'à la grande ordonnance de 1731, due à l'initiative du chancelier d'Aguesseau, qui résume toutes les dispositions législatives antérieures et nous donne le dernier état de notre ancien droit sur les donations. Résumons ses principales dispositions relatives à l'insinuation. Elle consiste dans la copie intégrale de l'acte sur un registre particulier tenu au greffe de chaque bailliage ou sénéchaussée royale (a. 24). Ce registre doit être communiqué à toute personne (a. 25). L'insinuation est exigée, à peine de nullité, pour toutes sortes de donations, tant de biens meubles qu'immeubles (a. 20), à l'exception des donations de choses mobilières dont il y avait tradition réelle ou dont la valeur n'excédait pas mille livres, et des donations faites dans les contrats de mariage, en ligne directe. La nullité résultant du défaut d'insinuation pouvait être opposée par toute personne autre que le donateur (exception qui ne s'étendait pas à ses héritiers) et que celles chargées de la faire faire, telles que maris, tuteurs, administrateurs et leurs héritiers (a. 30 et 31). Toutefois un délai de quatre mois, à partir du jour de la donation, était accordé pour la faire insinuer et l'insinuation rétroagissait au jour de la perfection du contrat. Elle pouvait même être faite après ce délai tant que vivait le donateur ; mais alors elle était opposable seulement à celui-ci et à ses héritiers, nullement aux tiers.

III. — Tel était l'état de la législation, lorsque la loi de brumaire an vii proclama le principe de la publicité des transmissions de propriété soit à titre gratuit soit à titre onéreux. Nous connaissons déjà l'article 26 de cette loi qui exige la transcription des actes translatifs de biens et droits susceptibles d'hypothèque sur les registres de la Conservation des hypothèques dans l'arrondissement de la situation des biens. A défaut de cette formalité, ces actes ne pouvaient être opposés aux tiers qui auraient contracté avec l'aliénateur et qui se seraient conformés aux dispositions de la présente loi. Dès ce moment les donations se sont trouvées soumises tout à la fois, comme telles à l'insinuation en vertu de l'ordonnance de 1731 et comme actes translatifs de propriété, à la transcription, en vertu de la loi de brumaire an vii. Notons en passant les différences entre ces deux formalités : les donations mobilières ou immobilières sont soumises à l'insinuation ; les donations immobilières portant sur des biens susceptibles d'hypothèque sont seules transcrites. — L'insinuation se fait aux greffes ; la transcription aux Conservations des hypothèques. — Le donataire avait un délai pour faire l'insinuation ; il n'en avait pas pour transcrire. — Enfin le défaut d'insinuation pouvait être invoqué par toute personne intéressée, même par les héritiers du donateur ; le défaut de transcription ne pouvait l'être ni par les créanciers chirographaires ni par les héritiers du donateur.

IV. — La promulgation d'un Code civil allait abroger et la loi et l'ordonnance. Les rédacteurs du Code ne mirent pas en doute la nécessité de la publicité pour les donations. Mais fallait-il maintenir l'insinuation et la transcription tout à la fois ? C'était un double emploi. Le projet du gouvernement maintenait l'insinuation. La discussion fit prévaloir une autre solution (Locré, t. II, p. 211 et 212). Sans préjuger la question générale de la publicité des transmissions de propriété, on se prononça pour la transcription des donations (art. 939), et l'insinuation fut écartée. Mais dans quelle mesure le fut-elle ? Le Code a-t-il, en adoptant la formalité de la transcription, admis le système de la loi de brumaire sans aucune réserve ou bien a-t-il sur certains points emprunté au régime de l'insinuation quelques-unes de ses règles ? C'est là une question délicate et qui soulève encore aujourd'hui de vives controverses. Nous y reviendrons plus loin. Disons seulement pour le moment que, si le Code a admis le système de la loi de brumaire dans son ensemble, il nous paraît, quant à la sanction de ses prescriptions, s'être rapproché du système de l'insinuation, sauf cependant en un point que nous indiquons ci-dessous.

Après avoir ainsi retracé l'historique de notre question, étudions la transcription des donations, telle qu'elle a été organisée par le Code civil.

SECTION PREMIÈRE.

Donations soumises à la formalité de la transcription.

L'article 939, empruntant à peu près sa formule à l'article 26 de la loi de brumaire, assujettit à la transcription les donations de biens susceptibles d'hypothèques. Il résulte de là que la transcription n'est pas exigée pour les donations de droits d'usage, d'habitation, de servitude, qui ne sont point susceptibles d'hypothèque. Nous verrons à la fin de cette étude si de pareilles donations nè tombent pas aujourd'hui sous l'application de la loi de 1855.

Dans les conditions exigées par l'article 939, toute donation me paraît devoir être transcrite, qu'elle soit pure et simple, à terme ou conditionnelle, rémunératoire, mutuelle ou réciproque. Mais il y a certaines donations d'une nature mixte, qui, quoiqu'elles se fassent entre-vifs, n'ont pas cependant tous les caractères de la véritable donation, par laquelle, aux termes de l'article 934, le donateur se dépouille actuellement et irrévocablement. L'art. 939 leur est-il applicable ?

Et d'abord l'institution contractuelle doit-elle être transcrite ? L'opinion généralement admise est qu'elle n'est point soumise à la transcription. Il n'y a en effet translation actuelle d'aucun bien, mais seulement donation de l'éventualité d'une succession future. Ce qui est donné c'est un droit éventuel, une vocation éventuelle à une succession, une sorte de droit de réserve conféré à quelqu'un par la volonté de l'homme et non de la loi. L'instituant est frappé de l'incapacité d'aliéner à titre gratuit, mais il peut disposer de tout ou partie de ses biens à titre onéreux. Dès lors peu importe la transcription ; transcrit ou non l'acte à titre onéreux lui sera toujours opposable, l'acte à titre gratuit sera toujours non avenu à son égard. Les termes de l'article 941, qui détermine les personnes pouvant se prévaloir du défaut de transcription, devraient donc être singulièrement restreints pour pouvoir s'appliquer à l'institution contractuelle, car il n'y aurait ici que les créanciers chirographaires, et les créanciers à privilége ou à hypothèque légale qui pussent avoir à se plaindre du défaut de transcription. — On nous oppose l'article 947 à la section des formes de la donation entre vifs, qui prend soin de nous dire que les quatre articles précédents, 943-946, ne s'appliquent point aux donations dont est mention aux chapitres VIII et IX du présent titre VII, c'est-à-dire à l'institution contractuelle, dont il est parlé au chapitre VIII. D'où l'on conclut que les articles 939-942, relatifs à la transcription des donations, sont, par à contrario, applicables à ces sortes de dispositions. Il est facile de répondre que l'article 947 n'a pas la portée générale qu'on veut lui donner de désigner quels articles de la section sont ou ne sont pas applicables à l'institution contractuelle, car il ne vise point l'article 948, qui est certainement inapplicable aux donations de biens à venir. — Enfin le système contraire présente des difficultés pratiques d'exécution: car où faudra-t-il faire la transcription? Peut-on connaître la situation des immeubles que l'instituant laissera à son décès? Il est vrai qu'une difficulté pratique analogue se présente pour l'inscription d'une hypothèque générale. Mais cette hypothèse a été prévue par la loi. Rien au contraire n'a été prévu pour le cas de transcription et on ne peut, sous peine d'arbitraire, étendre les dispositions qu'elle a édictées pour l'inscription à la matière très-différente de la transcription.

Que déciderons-nous des donations de biens présents faites par un époux à l'autre au cours du mariage? Je crois qu'ici la transcription sera nécessaire. Ce sont de véritables donations entre vifs, soumises seulement à la condition résolutoire de la révocation. Elles font passer dès à présent les biens donnés du patrimoine de l'époux donateur dans celui de l'époux donataire. Elles sont soumises aux formes ordinaires des donations. Elles ne me paraissent donc point devoir échapper à la formalité de la transcription. Mais à quoi bon, dira-t-on, cette formalité? Puisque le donateur est maître de révoquer expressément et même tacitement la donation qu'il a faite à son conjoint, les aliénations qu'il fait du bien donné sont pleinement valables, comme révocation de la donation antérieure. Dès lors la transcription ne peut donner au donataire le droit de faire annuler ces aliénations. Cela est vrai ; mais la transcription ne sera pas cependant inutile. En effet, ainsi que nous l'avons déjà dit pour l'institution contractuelle, elle procurera au donataire un double avantage : les biens donnés restant, vis-à-vis des tiers, la propriété de l'aliénateur, tant que la transcription n'a pas été faite, ses créanciers chirographaires pourront les saisir ; de plus, ils peuvent être, de son chef, grevés d'hypothèques légales ou judiciaires. La transcription empêchera ce double résultat. Aujourd'hui, depuis la loi de 1855, la transcription aura encore une autre utilité. D'après l'article 6, les créanciers sont déchus du droit d'inscrire leur hypothèque ou privilége, à partir de la transcription de l'aliénation. Ici donc la transcription de la donation aura pour effet d'arrêter le cours des inscriptions d'hypothèques ou de priviléges consentis avant la donation. Ce sera un exemple de plus de l'influence qu'a eue la loi de 1855 sur la transcription des donations.

Nous soumettons également à transcription les partages d'ascendants faits par acte entre vifs. L'effet de ces donations-partages est de transférer dès à présent la propriété des biens de l'ascendant a ses descendants. L'article 1076 nous dit d'ailleurs qu'ils sont soumis à toutes les formalités des donations. La transcription est une de ces formalités. Elle doit donc être observée ici.

Devra être transcrite la donation déguisée sous les apparences d'un contrat à titre onéreux. Mais c'est une question controversée de savoir si ces donations sont soumises à la transcription de l'article 939 du Code, ou si elles doivent être transcrites en vertu de l'article Ier de la loi du 23 mars 1855. Nous verrons ci-dessous l'intérêt pratique de la question de savoir si une donation est soumise à la transcription en vertu du Code civil ou par application de la loi de 1855.

SECTION DEUXIÈME

Quelles personnes peuvent opposer le défaut de transcription.

Nous avons vu que, sous l'empire de l'ordonnance de
1731, le défaut d'insinuation pouvait être opposé par
toute personne ayant intérêt, autre que le donateur lui-
même. Le Code, en remplaçant la formalité de l'insinuation par la transcription, a indiqué dans l'article 941
quelles sont les personnes qui peuvent se prévaloir du
défaut de transcription. Mais tandis qu'il paraissait reproduire ainsi le système de la loi de brumaire, l'article
941 était calqué sur l'article 27 de l'ordonnance de
de 1731 et venait ainsi faire naître une grande controverse sur la question de savoir si la transcription de la
loi de brumaire avait été maintenue dans tous ses effets,
par le Code, ou si la formalité de l'insinuation avait seule
été conservée, sous un autre nom. Nous croyons que
cette difficulté ne comporte pas une solution absolue, et
qu'ici encore le Code a admis un système mixte, en
s'inspirant de chacune de ces deux législations. D'abord
il a adopté le nom et la forme de l'institution créée par la
loi de brumaire, le mode de publicité, le lieu où elle
doit être accomplie, les cas dans lesquels elle est exigée,
l'absence de tout délai pour la requérir, sont autant de
points dont la réglementation est empruntée tout entière
à la loi de brumaire. Il n'y a pas de doute sur ces questions. Mais la controverse s'élève sur le point de savoir
quelles personnes peuvent ou ne peuvent pas opposer le
défaut de transcription. L'art. 941 s'exprime ainsi : « Le
défaut de transcription pourra être opposé par toutes

personnes ayant intérêt, excepté toutefois celles qui sont chargées de faire faire la transcription ou leurs ayants-cause et le donateur. » C'est la reproduction, dans sa première partie du moins, de l'article 27 de l'ordonnance. Au contraire, l'article 26 de la loi de brumaire dispose que, jusqu'à la transcription, les actes non transcrits ne pourront être opposés aux tiers qui ont contracté avec l'aliénateur et qui se sont conformés à la loi. Examinons donc quelles sont les personnes qui peuvent certainement se prévaloir du défaut de transcription, et celles sur lesquelles il y a controverse.

Et tout d'abord, pas de doute qu'un acquéreur à titre onéreux, ou un créancier hypothécaire ne puissent méconnaître une donation non transcrite. Ils rentrent également et dans les termes de l'ordonnance et dans ceux de la loi de l'an vii. De même de toute personne qui a acquis un droit réel sur l'immeuble, usufruit ou servitude,

La question devient plus délicate et donne déjà lieu à controverse, dans le cas d'un second donataire. Soient deux donations successives, le second donataire seul a fait transcrire ; pourra-t-il opposer à l'autre le défaut de transcription de sa donation ? L'affirmative ne nous paraît pas douteuse; elle résulte, selon nous, tout à la fois, et du système de l'ordonnance et de celui de la loi de brumaire. Que disait en effet cette dernière loi ? Peuvent opposer le défaut de transcription ceux qui ont contracté avec l'aliénateur, sans distinguer ceux qui ont contracté à titre gratuit de ceux qui ont contracté à titre onéreux. D'ailleurs les termes généraux dont se sert l'art. 941 « toutes personnes ayant intérêt » s'appliquent évidemment à un donataire aussi bien qu'à un acquéreur à titre onéreux. — En vain on nous objecte la déclaration contraire faite de la façon la plus formelle par le rapporteur du titre des donations, qui range parmi les personnes ne pouvant pas opposer le défaut de transcription, outre le donateur, les donataires postérieurs, les cessionnaires et les héritiers du donateur. Ces paroles nous paraissent trop en contradiction avec le texte formel de la loi pour que nous y voyons autre chose que l'expression d'une opinion individuelle, opinion inexacte et erronée. On argumente encore de l'article 1072, au titre des substitutions; nous essayerons de démontrer ci-dessous que cet article est étranger à notre question. —Enfin M. Troplong, qui affectionne ce genre d'argument, nous oppose ici encore l'article 1167 : Lorsque le donateur, dit-il, donne une seconde fois ce qu'il avait donné, c'est un acte fait en fraude des droits du premier donataire qui est pour le moins un créancier. Celui-ci aurait donc l'action paulienne, qui, en cas de donation, peut être exercée même contre l'acquéreur de bonne foi. Dès lors, il ne servirait à rien au second donataire d'opposer le défaut de transcription. Nous avons déjà répondu à cet argument, à propos du donataire qui oppose le défaut de transcription d'un acte à titre onéreux, et nous avons montré que l'action paulienne ne pourrait avoir lieu dans une foule de cas.

Le légataire particulier de l'immeuble donné peut aussi opposer le défaut de transcription, car au lieu de restreindre l'exercice de ce droit aux tiers qui ont contracté avec le donateur ainsi que le faisait la loi de brumaire, l'article 491 l'étend à toutes les personnes ayant intérêt. Nous permettrons donc au légataire comme au donataire, de méconnaître une donation restée clandestine à son égard. On a fait cependant une objection : si le legs, dit-on, doit prévaloir sur la donation non transcrite,

le donataire évincé aura un recours contre la succession
du donateur dont il sera créancier. Or un legs ne doit
jamais nuire aux créanciers du défunt. On peut répondre,
je crois, que le donataire ne peut se prévaloir de sa qualité de créancier du défunt par suite de l'éviction à l'encontre du légataire, car vis-à-vis des tiers, la donation
n'ayant pas été transcrite, est inexistante ; le donataire
ne peut donc tirer aucun droit de cette éviction. — Il
en était d'ailleurs ainsi sous l'ordonnance et jamais on
ne s'est avisé de critiquer cette solution au point de vue
des principes.

Le légataire pourra opposer le défaut de transcription
d'une donation sans être astreint pour cela à accomplir
lui-même aucune condition de publicité. Mais qui du
donataire ou de l'acquéreur à titre onéreux ? Ne pourront-ils attaquer l'acte non transcrit qu'autant qu'ils
auront eux-mêmes fait transcrire leur titre ? Pour le
donataire, l'affirmative ne me paraît pas douteuse, car
quelle raison de préférer un donataire à l'autre, si
aucun d'eux ne s'est conformé à la loi. La priorité de
transcription peut seule créer entre eux une cause de
préférence. Quant à l'acquéreur à titre onéreux en présence d'une donation non transcrite, il peut, sous l'empire
du Code, opposer le défaut de transcription, sans avoir
rempli lui-même aucune condition de publicité ; car il
n'en est point exigé pour les mutations à titre onéreux.
Mais en est-il toujours de même depuis la loi de 1855 ?
C'est ce que nous examinerons, quand nous étudierons
l'influence de cette loi sur les théories du Code.

Les créanciers chirographaires seront admis également-
ment à opposer le défaut de transcription. Un créancier
chirographaire du donateur a pratiqué une saisie sur
l'immeuble donné ou sur les fruits et revenus, par

exemple sur les récoltes — ou bien le donateur qui est un
commerçant est tombé en faillite, et la faillite prétend
mettre la main sur le bien donné — ou bien encore il a
loué l'immeuble donné, et le preneur qui est un créancier a donné date certaine à son bail. Dans tous ces cas,
le défaut de transcription peut-il être invoqué contre le
donataire ? La négative a été soutenue ; on l'appuie sur
cette idée que le législateur ne s'est préoccupé que des
biens susceptibles d'hypothèques et par suite des créanciers hypothécaires ; on ajoute que les chirographaires
sont de purs ayants-cause, n'ayant pas plus de droits
que le donateur. Je crois et c'est l'opinion généralement
admise, que les créanciers chirographaires peuvent invoquer l'article 941. Ici encore les termes généraux de
ce texte me paraissent condamner l'opinion contraire .
Toute personne, ayant intérêt, selon les expressions de
l'ordonnance, peut se prévaloir du défaut de transcription. Or les créanciers chirographaires ont toujours
été considérés comme des personnes intéressées. Quant
à soutenir que le législateur du Code, n'ayant exigé la
transcription que par les biens susceptibles d'hypothèque,
n'a entendu faire bénéficier de la publicité que les créanciers hypothécaires, c'est là un point de vue que rien ne
justifie, car de ce que la transcription n'est nécessaire
que pour les donations de biens susceptibles d'hypothèque, il ne s'ensuit point qu'elle ne soit point destinée
à prévenir aussi les créanciers chirographaires, D'ailleurs cette disposition s'explique par le souvenir de la loi
de brumaire à laquelle elle est empruntée, tandis que la
détermination des personnes pouvant opposer le défaut de
transcription est empruntée à la théorie de l'insinuation. Ce
sont deux points de vue d'une même théorie empruntés
à deux législations et à deux systèmes différents.

Enfin c'est une question très-controversée dans la doctrine que celle de savoir si le défaut de transcription peut être invoqué par les héritiers du donateur. L'opinion de la presque unanimité des auteurs paraît cependant s'être fixée aujourd'hui dans le sens de la négative. Quant à la jurisprudence, ses décisions sont constantes dans le même sens. Nous croyons que telle est aussi la véritable pensée de la loi. Les rédacteurs du Code qui, en ce qui touche les personnes pouvant opposer le défaut de transcription, ont suivi le système de l'insinuation, nous paraissent s'en être écartés en un point, le droit pour les héritiers de se prévaloir de la clandestinité d'une donation faite par leur auteur. Nous ne croyons point que le Code ait accepté dans son entier et sans modification l'un ou l'autre des deux régimes de publicité en vigueur jusque-là et entre lesquels il avait à opter. Sa théorie a été une transaction entre l'ordonnance et la loi de brumaire. Voici les raisons qui nous déterminent à penser que, au point de vue des héritiers du donateur, c'est cette dernière qui a inspiré le législateur de 1804.

A ne consulter que les principes généraux, cette solution ne serait pas douteuse. Le donateur serait tenu d'indemniser le donataire de l'éviction qu'il lui causerait par sa faute. Or les successeurs universels succèdent à toutes les obligations de leur auteur : ils sont donc tenus des indemnités dont celui-ci serait tenu en cas d'éviction, et par conséquent ils ne peuvent eux-mêmes exercer cette éviction. — Mais on nous oppose le texte de l'article 941, rapproché de celui de l'ordonnance. Que dit en effet l'ordonnance? Le défaut d'insinuation des donations pourra être opposé tant par les tiers acquéreurs et créanciers du donateur que par ses héritiers, donataires postérieurs et légataires et généralement par tous ceux qui y auront intérêt, autres néanmoins que le donateur, et la disposition du présent article aura lieu encore que le donateur se fut chargé expressément de faire insinuer les donations, à peine de tous dépens, dommages et intérêts, laquelle clause sera regardée comme nulle et de nul effet. D'un autre côté l'article 941 nous dit : « Le défaut de transcription pourra être opposé par toutes personnes ayant intérêt, excepté toutefois celles qui sont chargées de faire faire la transcription ou leurs ayants-cause et le donateur. » L'article 941, dit-on, reproduit, en les résumant, les dispositions et les termes mêmes de l'ordonnance. Comment croire qu'il leur ait donné un autre sens? Comment comprendre dans l'exception les héritiers du donateur, quand l'article ne parle que du donateur lui-même ? — Nous répondons que si le Code n'a pas mentionné les héritiers à côté du donateur, comme ne pouvant pas opposer le défaut de transcription, c'est que les principes généraux suffisaient pour leur refuser ce droit, au même titre qu'au donateur lui-même. Quant à l'ordonnance de 1731, que le Code a, dit-on, voulu reproduire, il ne l'a pas reproduite textuellement. C'est précisément parce que l'article 27 parlait formellement des héritiers et que notre article n'en parle pas, qu'ils ne peuvent plus avoir sous le Code la faculté qu'ils avaient sous l'ordonnance. Une dérogation aussi grave aux principes généraux eût dû être inscrite expressément dans la loi, et de ce que le Code, à la différence de l'ordonnance, n'en parle pas, nous sommes bien autorisés à conclure qu'il l'a rejetée.

Et la preuve évidente que le législateur n'a pas entendu adopter sans modifications le système de l'article 27, c'est qu'il ne s'est pas borné à retrancher du texte l'énumération des personnes pouvant opposer le défaut de transcription, mais qu'il a de plus supprimé complétement le dernier paragraphe de l'article, prononçant la nullité de la clause par laquelle le donateur se serait engagé à faire faire lui-même l'insinuation. Dira-t-on aussi que c'est pour résumer? Mais une nullité ne peut pas être prononcée en l'absence d'un texte formel. Ainsi il faut reconnaître que le donateur peut très-bien aujourd'hui s'engager à faire faire lui-même la transcription. Or quel était le but de cette prohibition, dans l'ancien droit? Empêcher que le donateur, en s'obligeant lui-même à faire insinuer, ne privât ses héritiers tenus des mêmes obligations que lui, de la faculté d'opposer au donataire le défaut d'insinuation. Il eût été en effet trop facile d'enlever aux héritiers la protection que leur donnait la loi, en faisant souscrire au donateur l'engagement de remplir lui-même la formalité de la publicité, ce qui entraînait et pour le donateur et pour ses héritiers l'impossibilité de se prévaloir de son inaccomplissement. Cela posé, si nos rédacteurs de l'article 941 n'ont pas reproduit une pareille prohibition, c'est qu'ils ne se sont pas préoccupés de l'intérêt des héritiers et de la protection que l'ordonnance leur accordait. Dans le système qui permet aux héritiers d'opposer le défaut de transcription, il faut reconnaître que cette faculté est singulièrement illusoire, puisque on peut toujours les en dépouiller en insérant dans l'acte une clause par laquelle le donateur s'engage à le faire transcrire. Que si, comme le font quelques-uns, on prononce la nullité d'une pareille clause, on fait de l'arbitraire, et l'on applique une législation abrogée là où le Code seul devrait faire loi.

Ajoutons que si le Code avait voulu protéger les héritiers par la publicité, il aurait prescrit la publicité des donations de meubles comme des donations d'immeubles. Imbus des idées du législateur de brumaire, les rédacteurs du Code ont eu en vue presque uniquement une loi de crédit.

D'ailleurs l'ordonnance de 1731 accordait au donataire un délai pour faire l'insinuation, délai de quatre mois, pendant lequel l'insinuation effectuée rétroagissait au jour du contrat. Les héritiers du donateur n'auraient donc pas pu, le lendemain de la donation, invoquer le défaut d'insinuation, à l'encontre du donataire. Aujourd'hui plus de délai pour insinuer : ce qui prouve bien que le Code n'a pas entendu permettre à l'héritier de méconnaître la donation non transcrite. Sinon, il faudrait dire que le donateur venant à mourir, le lendemain de la donation, et alors qu'elle n'a pu encore être transcrite, ses héritiers pourraient la faire tomber, en opposant au donataire l'inobservation d'une formalité qu'il n'a pas eu le temps de remplir.

Enfin l'article 783, nous dit-on, permet à un héritier acceptant de faire rescinder son acceptation dans un cas particulier, lorsqu'il se découvre une lésion d'outre-moitié par suite de la découverte d'un testament. Il faudrait donc aussi permettre à l'héritier de demander la rescision de son acceptation, quand une donation non transcrite est découverte. Cette objection prouverait beaucoup trop, si on devait l'accepter, car pourquoi ne pas permettre aussi à l'héritier qui a accepté purement et simplement de faire rescinder son acceptation, sous prétexte qu'il a découvert des dettes inconnues jusque-là ? Le législateur a vu dans le testament un acte qui est toujours entouré d'une clandestinité plus grande qu'une donation même non transcrite.

Nous concluons donc que le législateur a, dans l'article 941, compris sous l'expression donateur, le donateur et ses héritiers : le droit commun est que les héritiers ont la même position que leur auteur. L'exception aurait besoin d'être formellement exprimée.

Indépendamment du donateur et de ses héritiers qui ne peuvent pas, nous le croyons, opposer le défaut de transcription, l'art. 941 cite encore les personnes qui sont chargées de faire faire la transcription ou leurs ayants-cause. Telles sont celles qui en ont reçu mandat soit de la loi, comme les maris, les tuteurs, les administrateurs d'établissements publics, soit de l'autorité judiciaire, soit enfin des parties elles-mêmes. La raison en est évidente. Ces personnes sont en faute de n'avoir pas fait transcrire, elles ne doivent pas en profiter au détriment de celles qu'elles étaient tenues de protéger. Mais l'article 941 cite aussi les ayants-cause des personnes chargées de faire transcrire. Cette exception est parfaitement rationnelle pour les ayants-cause universels de ces personnes. Ainsi les héritiers d'un tuteur sont obligés comme lui d'indemniser le mineur donataire du préjudice que cause à celui-ci le défaut de transcription, et s'ils voulaient en profiter dans leur propre intérêt, on leur opposerait encore la règle, quem de evictione... Mais comment concevoir cette exception pour les ayants-cause particuliers des personnes tenues de faire transcrire ? — Supposons que le tuteur du donataire, chargé de faire transcrire, néglige de remplir cette formalité ; puis qu'il achète du donateur l'immeuble précédemment donné ; qu'il transcrive et qu'il donne ou vende le même immeuble à un tiers qui fait aussi transcrire. Le tuteur, s'il eût conservé l'immeuble, n'aurait pu opposer le défaut de transcription à son mineur. Mais son acheteur, donataire, créancier hypothécaire, pourra-

t-il opposer le défaut de transcription? L'aliénation faite
au profit du mineur est restée clandestine à leur égard :
ils ont intérêt à opposer le défaut de transcription. Ils
n'ont point succédé à l'obligation d'indemniser le donataire ; car les ayants-cause à titre particulier ne sont
pas tenus des obligations de leur auteur. Pourquoi ne
pas le traiter aussi favorablement que celui qui a traité
directement avec le donateur? Doivent-ils subir la donation, bien qu'ils n'aient eu aucun moyen d'en soupçonner l'existence? — Cette solution nous paraît étrange, et
bien que l'opinion la plus générale mette ici sur la même
ligne les successeurs universels et les acquéreurs à titre
particulier, j'incline à croire que ces derniers peuvent
opposer le défaut de transcription. L'ordonnance de
1731, dont le Code a reproduit les expressions, nous apprend, il est vrai, que les ayants-cause des personnes
chargées de faire insinuer la donation ne peuvent opposer le défaut d'insinuation, mais que faut-il entendre par
ces mots ayant-cause? Sont-ce les successeurs universels seulement? Les créanciers, les tiers acquéreurs
sont-ils des *ayants-cause* ou des *tiers?* L'ordonnance ne
nous permet pas de déterminer le sens exact de ces
mots. Les commentateurs ne nous fournissent pas d'é-
claircissements sur la question. Furgole, tandis qu'il déclare comprendre les successeurs particuliers parmi les
ayants-cause, nous dit ailleurs à propos d'une donation
faite par le mari à sa femme, que le mari ni ses héritiers
ne peuvent opposer le défaut d'insinuation, mais que
tous les intéressés autres que le mari ou ses héritiers
sont recevables à l'opposer. Pothier n'est guère plus
explicite. L'article 941 du Code reproduit cette expression d'ayant-cause dont se servait l'ordonnance. Rien ne
nous indiquant dans quel sens elle doit être entendue,

l'équité, le but et l'esprit de la transcription doivent seuls nous servir de guide. Dans tous les cas, la loi de 1855, en matière de transmission à titre onéreux, est absolument muette sur la question. Il faut donc bien nous décider ici par la logique des principes et l'esprit de la loi. Or quelle raison y a-t-il, je le demande, de distinguer entre ceux qui ont contracté avec la personne chargée de faire transcrire et ceux qui ont contracté avec le vendeur ou le donateur lui-même? En quoi ces derniers sont-ils plus favorables et quelle raison de refuser aux uns ce que l'on accorde aux autres? Si la loi permet à ceux qui ont traité avec le vendeur ou le donateur d'opposer le défaut de transcription, c'est qu'ils ont été trompés par la clandestinité du titre qu'on leur oppose ; c'est qu'ils ont pu croire leur auteur encore propriétaire de l'immeuble dont il s'était déjà dessaisi. Or cette raison existe également en faveur de ceux qui ont contracté, avec l'ayant-cause du propriétaire chargé de faire transcrire.

Notons enfin, avant de déterminer, que le Code, à la différence de l'ordonnance, n'a prescrit aucun délai pour faire transcrire la donation ; et elle ne le devait pas, car la transcription n'ayant plus aujourd'hui un effet rétroactif, l'intérêt du donataire était un sûr garant que, déjà propriétaire à l'égard du donateur, il se hâterait de consolider sa propriété vis-à-vis des tiers en remplissant cette formalité.

Nous avons exposé les principales règles de la transcription des donations sous l'empire du Code. Nous aurons à nous demander plus loin si la loi de 1855 n'a point eu quelque influence sur ces dispositions et quelle part il faut faire à cette influence.

CHAPITRE DEUXIÈME

Substitutions.

HISTORIQUE.

On sait que sous le nom de substitutions, le Code ne s'occupe que des dispositions qui étaient appelées à Rome *fideicommis,* et dans notre ancien droit, *substitutions fidéicommissaires,* c'est-à-dire des dispositions à charge de rendre à un tiers. Peu d'institutions ont eu à subir plus de vicissitudes ; et cela devait être, car il en est peu qui se lient d'une façon aussi étroite à la constitution politique et à l'esprit d'une société. A Rome, l'usage des fidéicommis ne s'introduisit qu'assez tard. Il y fut considéré bien plus comme un moyen indirect d'éluder la rigueur des lois sur la capacité de recevoir par testament, que comme un moyen de conserver et de perpétuer les grandes fortunes et les grandes familles. Ce fut la constitution aristocratique de notre ancienne société française qui se préoccupa surtout de ce dernier point de vue. Le XVIe siècle marque le point culminant de l'histoire du fidéicommis. On vit alors le testateur disposer de ses biens pour les siècles à venir et créer ainsi pour sa race, à côté et en dehors de la loi, un ordre particulier de succession. A cette époque la charge de restituer peut être imposée sans limite, et enchaîner ainsi la liberté d'un nombre indéfini de générations. Inaliénabilité de la terre pour un avenir indéterminé ; absence complète de toute publicité qui vienne éclairer les tiers sur le véritable état de cette propriété. Si l'esprit féodal qui survivait à la féodalité tombée avait besoin d'une pareille institution, la raison, l'équité, le crédit public ne pouvaient s'en accommoder. Aussi dès le xvie siècle, les ordonnances vinrent limiter ce droit de disposition si étendu et si dangereux. Ce fut d'abord l'ordonnance d'Orléans, de 1560, qui ne permit pour l'avenir que deux degrés de substitution, l'institution non comprise : c'était une satisfaction donnée au principe de la libre circulation des biens. Mais il fallait aussi se préoccuper de l'intérêt des tiers qui n'était pas moins compromis par la clandestinité des substitutions. L'ordonnance de Moulins de 1566, dans son article 57, imposa l'obligation de publier les substitutions. Plusieurs déclarations furent rendues à diverses époques, pour confirmer et réglementer cette publicité. Il est vrai que l'insinuation des donations s'établissait à cette époque dans notre droit, mais les substitutions étaient créées le plus souvent par testament, et échappaient à ce titre à la publicité.

Enfin l'ordonnance de 1747, rendue par les soins du chancelier d'Aguesseau, fut le dernier et le plus complet monument législatif de notre ancien droit sur la matière des substitutions et notamment sur la publicité dont elles doivent être entourées. C'était le complément nécessaire de l'ordonnance de 1731 qui avait réglementé la publicité des donations entre vifs. L'article 18 de l'ordonnance de 1747 disposa ainsi : « Toutes les substitutions fidéicommissaires, faites par des actes entre vifs ou par des dispositions à cause de mort, seront publiées en jugement, l'audience tenant, et enregistrées au greffe du siége où la publication sera faite ; le tout à la diligence des donataires, héritiers institués, légataires universels ou particuliers, qui seront grevés de substitutions, même des héritiers légitimes, lorsque la charge de la restitution du fidéicommis tombera sur eux dans les cas de droit. »

Mais dans l'intérêt de qui cette publicité était-elle prescrite ? L'ordonnance de 1747 ne s'occupait point de la publicité de la donation, ni des personnes qui avaient qualité pour se prévaloir de l'absence de cette formalité. Ce point était réglé par l'ordonnance de 1731, sur les Donations. Mais la substitution, c'est-à-dire la disposition qui impose au donataire l'obligation de restituer à un autre, et qui rend son droit essentiellement précaire, doit être rendue publique, en vertu de l'ordonnance de 1747. C'est elle qui détermine les personnes pouvant se prévaloir du défaut de publicité — et ces personnes ce sont seulement les ayants-cause du grevé qui ont acquis de lui des droits à titre onéreux, qui certant de damno vitando, c'est-à-dire les créanciers et les tiers acquéreurs. Au contraire, les héritiers légitimes ou institués, les légataires, les donataires à titre particulier grevés de substitution, ni leurs ayants-cause aux mêmes titres ne peuvent méconnaître la substitution qu'on leur oppose. Nous reviendrons sur cette dernière disposition de l'ordonnance, qui doit donner la clef de l'article 1072 du Code civil, et nous mettrons alors le texte même des articles 18, 32, 33, 34 de l'ordonnance en regard des articles correspondants du Code. On peut voir que les personnes qui peuvent se prévaloir du défaut d'insinuation d'une donation ne sont pas les mêmes que celles dans l'intérêt desquelles est prescrite la publicité des substitutions. Dans le premier cas, la publicité est requise à l'égard de toute personne intéressée, dans le second cas, à l'égard des ayants-cause à titre onéreux seulement.

Tel était l'état de la législation, en matière de substitutions, avant 1789. La Révolution emporta cette œuvre de la société féodale et aristocratique destinée à en perpétuer l'esprit et les traditions. Ce n'était pas là d'ailleurs le seul reproche qu'elle put lui adresser. On pouvait lui reprocher en effet d'être une atteinte portée à la toute-puissance de la loi et à la souveraineté du législateur, en permettant à chacun de se créer un ordre de succession autre que celui voulu par la loi, et cela pour un avenir très-long. Les substitutions mettaient en outre une grande masse de biens hors du commerce et de la circulation, ce qui est une cause de détérioration pour la propriété immobilière ou tout au moins un obstacle à son amélioration. Enfin l'opulence et l'éclat des grandes familles qu'elles avaient pour but de perpétuer n'étaient souvent qu'une amorce pour les tiers et un moyen facile de trouver des prêteurs qu'on était dispensé de payer. La loi de 1792 prohiba entièrement les substitutions. Vint le Code civil qui fut moins absolu. Tout en annulant en principe les dispositions renfermant une substitution, il les autorise au profit de certaines personnes et dans des limites très-restreintes. Aujourd'hui les père et mère peuvent donner à un de leurs enfants, les frère ou sœur sans enfants à leur frère ou à leur sœur, avec charge pour le bénéficiaire de rendre la chose donnée à tous ses enfants. Ainsi la substitution simple, c'est-à-dire à un degré, est seule permise, dans les hypothèses précédentes, et tous les enfants du grevé y sont appelés indistinctement.

TRANSCRIPTION DES ACTES CONTENANT UNE SUBSTITUTION PERMISE.

Le Code, en autorisant les substitutions d'une façon exceptionnelle, a adopté aussi le principe de la publicité déjà admis par l'ancien droit. Mais il en a changé le mode, en remplaçant la publication à l'audience et l'enregistrement au greffe par la transcription sur les registres du conservateur des hypothèques. La nécessité d'une pareille publicité est évidente : car nous avons énuméré parmi les dangers que présentent les substitutions, l'éventualité de la résolution des droits du grevé et par suite de ses ayants-cause. La substitution peut porter sur des sommes qui doivent être placées avec privilége : dans ce cas, la publicité sera obtenue par l'inscription du privilége. Nous n'avons à étudier ici que les substitutions portant sur des immeubles. Elles peuvent être contenues soit dans un acte de donation, soit dans un testament. Dans le premier cas, la transcription avertit les tiers que le donateur a cessé d'être propriétaire, et aussi que le donataire étant grevé de substitution n'a sur les biens donnés qu'une propriété résoluble. Que si le conservateur transcrivant l'acte de donation négligeait de transcrire la clause relative à la substitution, la donation seule serait transcrite; la substitution ne le serait point. Il en sera de même du cas où, la donation et la substitution étant constatées dans deux actes différents, l'un aura été transcrit, l'autre ne l'aura pas été. Bien plus, il peut se faire que la donation soit publique et la substitution clandestine, quoique les deux actes aient été transcrits : j'ai donné à mon fils un immeuble situé dans le ressort de telle conservation hypothécaire ; puis un autre immeuble situé dans le ressort d'un autre bureau et avec charge de restituer le premier immeuble qu'il a reçu à ses enfants. Si les donations ont été toutes deux transcrites dans les bureaux de la situation respective des immeubles, la substitution est en réalité restée clandestine, car elle n'a pas été portée sur les registres où a été transcrite la première donation. Nous verrons bientôt quelles conséquences découlent de ces diverses hypothèses.

Notons enfin que la substitution doit être rendue publique, non-seulement lorsqu'elle est la charge d'une donation, mais encore lorsqu'elle est la charge d'un legs. Résultat singulier : car un legs, en tant que legs, n'a pas besoin d'être transcrit, ainsi que nous avons eu occasion de le dire. Dès le moment de la mort du testateur le legs est réputé connu de tous. Mais renferme-t-il une substitution ? Il doit être transcrit, car la substitution n'est pas réputée connue des tiers.

La substitution devra être transcrite, à la diligence du grevé et du tuteur nommé à la substitution : il faut ajouter à ces personnes le tuteur du grevé, quand il est mineur et le tuteur des appelés.

Sur tous ces points, pas de difficultés. Mais la difficulté s'élève sur le point de savoir quelles personnes peuvent opposer le défaut de transcription de la substitution. C'est cette question qu'il nous reste à examiner. Aux termes de l'article 1070, ce sont « les créanciers et tiers-acquéreurs » qui ont traité avec le grevé, ainsi que nous le démontrerons tout à l'heure. Sous le nom de créanciers, nous comprendrons les créanciers chirographaires et les créanciers hypothécaires, car la loi ne distingue pas. Par tiers acquéreurs, il faut entendre seulement les acquéreurs à titre onéreux. C'est ce qui était déjà admis sous l'ordonnance dont le Code a reproduit les termes. Telles sont les personnes qui peuvent opposer le défaut de transcription. L'art. 1072 nous fait ensuite connaître quelles personnes ne peuvent pas s'en prévaloir : « Les donataires, les légataires, ni même les héritiers légitimes de celui qui a fait la disposition, ni pareillement leurs donataires, légataires ou héritiers, ne pourront, en aucun cas, opposer aux appelés le défaut de transcription ou d'inscription. » L'explication de ces articles a fait naître de vives controverses. Les divers systèmes, qui se sont produits sur la question, peuvent se ramener à trois, que nous allons exposer successivement.

Dans un premier système, la transcription de la substitution ne se distingue pas de la transcription de la donation. Il n'y a pour toute la disposition qu'une seule et même transcription à envisager, et c'est l'inaccomplissement de cette formalité que les articles 1070 et 1072 ont voulu prévoir. Ils décident en conséquence que tous les ayants-cause à titre gratuit du disposant, ses héritiers, donataires, légataires grevés de substitution, et aussi ses héritiers, donataires ou légataires autres que le grevé peuvent se prévaloir de la clandestinité de l'acte. Si en effet, dit-on, la loi n'avait eu en vue que la clandestinité de la substitution, elle n'aurait parlé que du grevé et des ayants-cause du grevé, comme ne pouvant pas opposer le défaut de transcription. Il eût été inutile de parler des ayants-cause du disposant, car il est bien évident qu'ils n'ont aucun intérêt à faire annuler la substitution si la donation leur est opposable. L'article 1072 suppose donc bien qu'il s'agit d'une substitution qui n'a reçu aucune espèce de publicité ni comme donation ni comme substitution.

Dans une seconde opinion, on part du même point de vue. Oui, dit-on, l'hypothèse de l'article 1072 est bien celle d'une disposition qui n'est transcrite ni comme donation ni comme substitution. Mais quelle est la décision de la loi? Sans doute les ayants-cause du disposant ne pourront point opposer aux appelés le défaut de transcription, mais il n'en résulte pas qu'ils ne puissent point s'en prévaloir contre le grevé. Dans leurs rapports avec le grevé donataire, dit-on, les ayants-cause à titre gratuit du disposant pouraient invoquer l'article 941, de sorte qu'ils prendraient le bien donné et qu'ils le garderaient grevé, en faveur des appelés, de la charge qui l'eût affecté entre les mains du donataire.

Dans un troisième système, on prend un point de départ différent : on distingue la transcription de la donation et la transcription de la substitution proprement dite. Sans doute il n'y aura en général qu'une seule transcription ; mais si cette formalité vient à manquer, les effets de cette omission devront être envisagés à deux points de vue différents, au point de vue des ayants-cause du disposant d'une part, et au point de vue des ayants-cause du grevé de l'autre, au point de vue de la donation et au point de vue de la substitution. Les effets du défaut de transcription, au point de vue de la donation, ont été réglés par l'article 941. Au point de vue de la substitution, ils sont réglés par l'article 1072, Or, que dit cet article ? Que les ayants-cause du disposant ne peuvent opposer le défaut de transcription de la substitution aux appelés, car, que leur importe cette substitution ? Ils ont été avertis de la donation. C'est tout ce qu'ils étaient intéressés à connaître. Dans cette opinion, l'article 1072 est inutile, il dit une chose évidente. Mais les rédacteurs ont copié cette disposition dans l'article

34 de l'ordonnance où elle avait été inserée afin de prévenir toute confusion entre la publicité des donations et celle des substitutions.

Enfin un dernier système accepte le point de départ du système précédent, mais il donne de l'art. 1072 une autre explication, que je n'hésite pas à admettre. Oui, l'article 1072 ne vise que le défaut de transcription de la substitution, car il se trouve placé dans le chapitre des substitutions, au milieu d'autres dispositions toutes relatives à des donations à charge de rendre. Les articles 1069, 1070, 1072, sont d'ailleurs la reproduction presque littérale des articles 32, 33 et 34 de l'ordonnance des substitutions qui ne s'occupaient que de la publicité à donner à ce genre de dispositions. —Mais, et c'est ici que nous nous séparons du système précédent, l'article 1072 a pour but de régler les rapports des appelés, non point avec tous les ayants-cause à titre gratuit du disposant, mais seulemeut avec ceux qui pourraient avoir intérêt à méconnaître la charge de rendre, c'est-à-dire ses héritiers, donataires, légataires, *grevés de la substitution*. Ainsi les ayants-cause du disposant, qui, aux termes de l'art. 1072, ne peuvent opposer le défaut de transcription, ne sont autres que les grevés eux-mêmes. Ils ne le peuvent pas, parce qu'ils sont eux-mêmes tenus de faire transcrire et qu'ils ne peuvent tirer profit de la faute qu'ils ont commise. En d'autres termes, la loi a édicté dans l'art. 1072, quant aux personnes chargées de requérir la transcription de la substitution, une disposition analogue à celle de l'article 941, quant aux personnes chargées de faire transcrire une donation.

Il est vrai que l'article 1072 ne renferme pas ces mots : *grevés de la substitution*, à la suite des expressions: ayants-cause du disposant. Mais c'est ici que l'autorité historique et surtout la comparaison de nos articles avec ceux de l'ordonnance de 1747 sont décisives. Une déclaration du 17 novembre 1690, sur la publicité des substitutions, disposa que l'absence de cette publicité pourrait être opposée par les créanciers et les tiers acquéreurs. De là, la question de savoir si le grevé pourrait l'invoquer. Une déclaration de Louis XIV, du 18 janvier 1712, vint trancher la controverse en décidant que le grevé ne pourrait opposer le défaut de transcription. C'est cette disposition qui a passé dans l'ordonnance de 1747, et de là dans le Code, dont les articles sont calqués sur ceux de l'ordonnance. C'est ce que va nous montrer le rapprochement des textes.

C'est d'abord l'article 18 de l'ordonnance comparé avec l'art. 1069 du Code. L'art. 18 nous apprend que les substitutions seront publiées et enregistrées, à la diligence des héritiers, donataires, légataires universels ou particuliers *qui sont grevés de substitution*. L'article 1069 nous dit : « Les dispositions par actes entre vifs ou testamentaires seront, à la diligence soit du *grevé* soit du tuteur à l'exécution, rendue publique. » — A la place de l'énumération que faisait l'article 18, l'article 1069 se borne à parler du grevé en général. C'est la seule différence entre les deux articles.

Plus loin vient l'article 32 de l'ordonnance que reproduit l'art. 1070 : « Les créanciers et les acquéreurs, dit l'art. 32, pourront opposer le défaut de publication de la substitution même aux mineurs et interdits, sauf le recours desdits mineurs ou interdits contre leur tuteur... » L'art. 1070 nous dit de son côté : « Le défaut de transcription de l'acte contenant la disposition pourra être opposés par les créanciers et tiers acquéreurs même aux mineurs et interdits, sauf le recours... etc. »

— Ni l'ordonnance, ni le Code, ne nous disent quels sont les créanciers et tiers acquéreurs qui peuvent se prévaloir du défaut de transcription de la substitution. Mais les auteurs qui commentent l'ordonnance nous disent formellement qu'il s'agit des ayants-cause à titre onéreux du grevé. Pothier est très-explicite sur ce point : « La publication des substitutions, dit-il, étant requise afin que ceux qui pourraient contracter avec le grevé ne fussent pas induits en erreur, il suit de là que le défaut de publication peut être opposé par les acquéreurs qui auraient acquis à titre onéreux des biens substitués *du grevé de la substitution.* »

Enfin l'art. 34 de l'ordonnance a servi de modèle au législateur pour la rédaction de l'article 1072 : « Les donataires, héritiers institués, légataires universels ou particuliers, même les héritiers légitimes de celui qui aura fait la substitution, ni pareillement leurs donataires, héritiers institués et légataires universels ou particuliers ne pourront en aucun cas, opposer aux substitués le défaut de publication *de la substitution.* » Sauf ces derniers mots, l'art. 1072 reproduit les termes de l'art. 34. La pensée doit donc être la même. Et quant au sens de l'ordonnance il ne saurait, je le répète, être douteux, car tous les anciens auteurs, d'Argou, Denizart, Pothier, sont unanimes à dire que l'art. 34 a pour but de refuser aux *grevés*, héritiers, donataires, légataires, le droit de se prévaloir du défaut de transcription.

En résumé, nous croyons qu'il faut distinguer la publicité de la donation et la publicité de la substitution. Les ayants-cause du disposant peuvent opposer, conformément à l'article 941, le défaut de transcription de la donation. Quant au défaut de publicité de la substitution, le grevé ni ses ayants-cause à titre gratuit ne peuvent l'opposer (a. 1072). Les ayants-cause à titre onéreux du grevé, créanciers ou tiers acquéreurs, peuvent seuls s'en prévaloir (a. 1070).

On peut voir par là combien est erronée l'opinion de ceux qui veulent tirer argument de l'art. 1072 pour démontrer qu'un second donataire ne peut opposer le défaut de transcription à un donataire antérieur. Sans doute les donataires, ayants-cause du grevé, ne peuvent opposer aux appelés la clandestinité de la *substitution*. Mais les donataires du disposant autres que le grevé pourront opposer à ce dernier la clandestinité de la *donation*, car ce dernier point n'est pas prévu par l'art. 1072, mais par l'article 941. Il n'y a donc aucun argument à tirer de l'art. 1072 contre notre système.

Notons enfin en terminant, que, aux termes de l'article 1071, le défaut de transcription ne pourra être suppléé ni regardé comme couvert par la connaissance que les créanciers ou tiers acquéreurs pourraient avoir eue de la disposition par d'autres voies que celle de la transcription.

CHAPITRE TROISIÈME

Influence de la loi du 23 mars 1855 sur les donations et les substitutions.

Après avoir étudié la publicité des transmissions à titre gratuit, telle qu'elle a été organisée par le Code, il nous reste à examiner si la loi du 23 mars 1855 n'a eu aucune influence sur la transcription des donations et des substitutions.

Il semble bien qu'il en doive être ainsi, à prendre à la lettre le dernier alinéa de l'article 11 ainsi conçu : « Il n'est point dérogé aux dispositions du Code civil relatives à la transcription des actes portant donation ou contenant des dispositions à charge de rendre ; elles continueront à recevoir leur exécution. » Ainsi la loi nouvelle, en soumettant à transcription les actes entre vifs translatifs de droits réels immobiliers, a trouvé un système de publicité tout organisé pour les donations et les substitutions, et elle l'a maintenu. La transcription, telle qu'elle est prescrite en ces matières par le Code, diffère notablement dans ses effets de la transcription établie par la loi du 23 mars 1855. C'est ainsi que le défaut de transcription d'une donation peut être opposé par toute personne ayant intérêt, notamment par les créanciers chirographaires du donateur, tandis que la loi de 1855 n'accorde ce droit qu'aux tiers qui ont acquis des droits sur l'immeuble et qui les ont conservés en se conformant aux lois.

Mais est-ce à dire que la matière des donations reste complétement en dehors de la loi de 1855, et que les principes nouveaux établis par cette loi soient sans influence sur les dispositions du Code ? Ce serait, je crois, tomber dans une erreur étrange, et l'article 11, malgré sa généralité, ne peut être entendu d'une façon aussi absolue. La pensée du législateur, assez peu nette d'ailleurs et sur laquelle les travaux préparatoires et la discussion de la loi ne nous donnent aucun éclaircissement, me paraît avoir été de laisser subsister la transcription des donations et des substitutions, là où elle a été organisée par le Code, avec tous ses effets ; la loi de 1855 étant d'ailleurs une loi générale, et devant être appliquée dans toutes les hypothèses sur lesquelles le Code est muet ou incomplet.

Ainsi supposons deux acquéreurs, d'un même immeuble, l'un à titre gratuit, l'autre à titre onéreux. D'après le Code, le conflit eût été vidé eu égard à la date certaine du titre de l'acquéreur à titre onéreux et à la date de la transcription de la donation. Depuis la loi de 1855, il devra l'être d'après l'antériorité des dates des deux transcriptions.

Autre cas où la loi de 1855 aura une grande influence sur la transcription des donations. D'après le Code de procédure (a. 834) la transcription d'une donation avait cet effet de faire courir le délai de quinzaine après lequel les hypothèques et priviléges ne pouvaient plus être inscrits. Aujourd'hui, en vertu de la loi de 1855, la transcription de la donation arrêtera par elle seule le cours des inscriptions. L'article 6 doit recevoir son application ici.

Si un jugement prononce la résolution, nullité ou rescision d'une donation, il devra aujourd'hui être rendu public, au même titre que celui qui constaterait la résolution d'un acte à titre onéreux.

Sur tous ces points, pas de difficulté. Mais l'application de la loi de 1855 à la matière des donations donne lieu dans certains cas à des controverses très-sérieuses. Que décider par exemple dans l'hypothèse suivante? Une personne, après avoir donné son immeuble à Primus, l'a vendu à Secundus. Ni le donataire, ni l'acheteur n'ont transcrit. Secundus, l'acheteur, pourra-t-il opposer à Primus, le donataire, le défaut de transcription de la donation? Nous avons décidé l'affirmative sous l'empire du Code. Mais quid depuis la loi de 1855? Ne faudra-t-il pas que l'acheteur ait lui-même fait transcrire son titre pour opposer au donataire le défaut de transcription? Je serais assez porté vers la négative, car appliquer ici la loi de 1855 ce serait restreindre le nombre des personnes qui peuvent opposer le défaut de transcription d'une donation aux termes de l'art. 941, et par suite porter atteinte au système de transcription organisé par le Code. D'ailleurs cet acheteur ne pourrait-il pas dans tous les cas, invoquer sa qualité de créancier et opposer ainsi l'absence de publicité de la donation. Qu'on ne dise pas que le donataire lui opposera de son côté le défaut de transcription de la vente. Il ne le pourra point, la loi de 1855 n'accordant ce droit qu'aux tiers qui ont eux-mêmes rendu leur droit public, à la différence de l'article 941 qui l'accorde à toute personne ayant intérêt. Au reste, il faut bien reconnaître que c'est là une hypothèse assez chimérique, une curiosité de doctrine bien plus qu'une difficulté pratique.

Une question plus débattue est celle de savoir si les donations portant sur des biens non susceptibles d'hypothèque, tels que servitudes, droits d'usage et d'habitation, sont assujetties aujourd'hui à la transcription. L'article 939 du Code n'exige la transcription que pour les donations de biens susceptibles d'hypothèque. Celles qui ne rentrent pas dans cette catégorie sont-elles dis-

pensées de toute publicité? Trois opinions se sont pro-
duites sur la question. Dans une première opinion ces
sortes de donations sont assujetties à la transcription par
l'article 939 lui-même. Selon d'autres, elles sont
absolument dispensées de publicité. Enfin un troisième
système, qui nous paraît devoir être adopté, les consi-
dére comme exemptes de transcription sous l'empire du
Code, mais comme devant être transcrites en vertu de la
loi de 1855, art. 2.

Les partisans de la première opinion soutiennent que
le Code a entendu appliquer la transcription à toute
espèce de donations, qu'elles portent sur des biens susceptibles ou non susceptibles d'hypothèque. Les termes
mêmes de l'article 939 ne font pas, dit-on, obstacle à
cette manière de voir. Il est vrai que cet article parle de
biens susceptibles d'hypothèque. Mais dans quel but la
transcription serait-elle prescrite? Dans l'intérêt des tiers
qui viendront par l'avenir à traiter avec le donateur.
C'est donc dans le patrimoine du donateur et non dans
celui du donataire qu'on doit considérer si la chose
donnée est ou non susceptible d'hypothèque. Or, pour le
propriétaire donateur qu'était-ce que ce droit d'usage ou
d'habitation, si ce n'est une fraction de son droit de propriété, c'est-à-dire d'un droit susceptible d'hypothèque.
Dans le patrimoine du donataire, ces droits ne seraient
pas susceptibles d'hypothèque ; mais dans le patrimoine
du donateur, ils peuvent être hypothéqués comme et
avec la propriété elle-même. On ajoute qu'il y aurait une
trop grande inconséquence de la part du Code, qui a
voulu fonder, en matière de donations, la sécurité de la
propriété foncière, à ne pas exiger la transcription des donations de servitudes, au même titre que celle des donations constitutives d'usufruit ou translatives de propriété.

La seconde opinion admet avec nous que ces donations ne sont pas soumises à la transcription, en vertu de
l'article 939 du Code civil. Mais elle les déclare même
dispensées de transcription depuis la loi de 1855, en
s'appuyant sur l'article 11, d'après lequel il n'est en rien
dérogé par la nouvelle loi aux dispositions du Code, en
matière de transcription des donations.

Enfin une dernière opinion qui tend à prévaloir assujettit à transcription les donations de servitude, d'usage
et d'habitation, en vertu de l'article 2 de la loi de 1855.
Nous repoussons d'abord la théorie qui les assujettit à
transcription au nom de l'article 939 du Code civil. Les
termes de cet article sont trop formels pour nous permettre d'accepter cette interprétation. Quand y a-t-il lieu
à transcription? « Quand il y a donation de biens susceptibles d'hypothèque. » C'est vraiment faire trop bon
marché du texte, que de l'entendre du cas où il y a donation de biens non susceptible d'hypothèque. C'est faire
la loi et non l'interprêter. On nous oppose, il est vrai,
un raisonnement fort ingénieux, pour nous prouver que
les donations de servitude, d'usage et d'habitation peuvent rentrer dans ces expressions : donations de biens
susceptibles d'hypothèque. Mais le législateur parle
le langage de tout le monde ; et il s'exposerait fort
à ne pas être compris s'il usait de pareils détours
pour exprimer sa pensée. Mais, nous dit–on, l'esprit de la loi est manifestement de protéger les tiers
qui viendraient à traiter avec le donateur, et cette protection est aussi nécessaire contre les donations de biens
susceptibles d'hypothèques que contre celles qui portent
sur des droits de servitude, d'usage ou d'habitation ! Et
l'esprit de la loi de brumaire, dirai-je? N'était-il pas
aussi de protéger les tiers qui traiteraient avec l'aliéna-

teur? Nierez-vous que cette loi distinguât entre les aliénations de biens susceptibles d'hypothèque et celles portant sur des biens qui ne l'étaient pas? Personne n'oserait, je crois, aller jusque-là. Quoi d'étonnant dès lors que le Code, empruntant à la loi de brumaire l'institution de la transcription, pour la restreindre à la matière des donations, ait suivi les mêmes errements? Sans doute la loi de brumaire et le Code, après elle, eussent mieux fait de ne pas distinguer entre les biens susceptibles ou non susceptibles d'hypothèque. Mais nous ne pouvons que constater les anomalies qui se rencontrent dans la loi ; nous ne sommes point chargés de les supprimer.

C'est ce qu'a fait d'ailleurs, selon nous, la loi de 1855. Et nous nous séparons ici du second système, qui, tout en reconnaissant que ces donations ne sont pas soumises à la transcription par le Code, nie l'influence de la loi nouvelle sur la question qui nous occupe. L'article 11 déclare en effet que la loi « n'entend pas déroger aux dispositions du Code, relatives aux donations, et qu'ainsi ces dispositions continueront à recevoir leur exécution.» Selon nous, cet article n'a pas la portée qu'on lui prête. Que dit-il en effet? que la loi de 1855 ne déroge en rien à la transcription des donations organisée par le Code. Pour le cas où le Code prescrit la transcription des donations, il continue à s'appliquer sans modifications. Mais en dehors de ces limites, les donations sont des actes entre-vifs translatifs de droits réels, qui tombent à ce titre sous l'application de la loi de 1855. Ce n'est point déroger au Code civil que de statuer sur les hypothèses qu'il n'a pas prévues, et de combler les lacunes qu'il nous présente. « Compléter, ce n'est pas détruire ; » tels sont les termes même de l'exposé des motifs de la loi de 1855, prévoyant le conflit entre le code civil et la nouvelle loi. Sans doute, il restera sur ce point dans notre législation une anomalie étrange : celle d'une distinction entre les donations de biens susceptibles d'hypothèque, donations soumises à la transcription par le Code, et les donations de servitudes, d'usage ou d'habitation, assujetties à transcription par la loi de 1855. Il en résultera notamment cette singularité que les créanciers chirographaires pourront opposer le défaut de transcription des premières, et non des secondes. Mais c'est là un résultat que nous ne pouvons que regretter. Il ne nous appartient pas de refaire l'œuvre de la loi.

CONCLUSION.

—

Nous avons suivi d'époque en époque les divers sys—
tèmes qui ont successivement prévalu dans l'histoire de
la transmission entre vifs de la propriété foncière. De
même qu'en droit romain l'organisation de la propriété
donnait lieu à des formes multiples et compliquées de
transmission, de même l'organisation féodale exigeait
des solennités sacramentelles et des pratiques rigoureuses qui étaient autant d'entraves à la circulation des
biens dans l'intérêt du seigneur. Toutes ces choses
étaient destinées à disparaître avec le temps. Un principe plus durable et plus rationnel fut celui de la nécessité d'une tradition pour transférer la propriété. Mais ce
principe lui-même, affaibli par les tendances de la pratique, perdit peu à peu sa portée et finit par n'être
qu'une vaine abstraction. Il a disparu définitivement de
notre droit avec le Code civil. Mais déjà peu auparavant
une idée nouvelle s'était fait jour, celle du crédit et de la
publicité des conventions portant sur des droits réels.
Elle avait trouvé sa consécration dans la loi de brumaire
an vii. Admise en partie et rejetée en général par le
Code, cette idée heureuse ne pouvait manquer de triom-

pher. Après s'être imposée pendant de longues années à tous les projets de réforme qui ont été présentés sur le régime hypothécaire, elle a enfin pris place dans notre législation avec la loi du 23 mars 1855. Tel est le point où nous sommes arrivé. Quelques mots nous suffiront maintenant pour juger la réforme qui s'est accomplie et surtout l'efficacité des mesures prises par la loi de 1855 pour la réaliser.

Si l'étude des législations étrangères peut fournir un argument puissant en faveur d'une loi ou d'une institution, assurément cette autorité est acquise d'une façon incontestable au principe de la publicité des droits réels. L'unanimité avec laquelle elles se sont prononcées sur cette question est déjà une grave présomption en faveur du système adopté par la loi de 1855, et la preuve qu'elle répond à un véritable besoin social. Il faut même reconnaître en cette matière que notre législation est restée longtemps en arrière sur celles de la plupart des autres pays de l'Europe. Les nations qui, placées un moment sous notre domination ou subissant notre influence, avaient adopté notre Code de 1804, à peine séparées de nous, n'ont pas tardé à combler la lacune laissée par le Code dans le régime hypothécaire et à admettre, sous une forme ou sous une autre, d'une façon plus ou moins complète, le principe de la publicité des droits réels nécessaire pour assurer le crédit de la propriété foncière. La Hollande dès 1834, la Belgique en 1851 nous ont devancés dans la réforme hypothécaire et ont adopté le système de la transcription, cette dernière dans des termes analogues à ceux de notre loi de 1855, la première d'une manière plus complète et plus radicale. Le droit commun de la Suisse a aussi subordonné l'efficacité des droits réels immobiliers vis-à-vis des tiers à la formalité de la publicité, le canton de Genève dès 1820, la plupart des cantons antérieurement à notre loi sur la transcription. Enfin le Code sarde a admis les mêmes dispositions, reproduites plus récemment par le nouveau Code italien. Les pays du nord de l'Europe, étrangers à l'influence de notre Code civil, l'Allemagne, la Prusse, la Suède, le Danemark, jouissent depuis fort longtemps d'un système de publicité qui est dans les mœurs et dans les traditions de ces pays. D'autres États se sont ralliés au principe de la publicité depuis la loi de 1855 ; de ce nombre est la Grèce qui a admis la transcription dans la loi du 29 octobre 1856. Signalons cependant une exception à ce droit commun des États de l'Europe ; elle nous est fournie par l'Angleterre ; un intérêt aristocratique y a fait repousser la publicité des droits réels, propriété ou hypothèques, pour des motifs analogues à ceux qui avaient autrefois fait échouer l'édit de Colbert de 1673 devant les résistances de la noblesse française.

De tous ces systèmes, un seul mérite de nous arrêter quelques instants, parce que certains jurisconsultes ou économistes font un reproche à notre loi de 1855 de ne point l'avoir adopté. C'est le système allemand, qui est aussi, à peu de chose près, celui de l'Autriche, de la Prusse et de la plupart des États du nord de l'Europe. On peut le résumer ainsi : La propriété foncière ne s'acquiert et ne se conserve que par l'inscription ou intabulation sur un registre (grund-buch). Aucun droit réel ne peut exister en dehors de cette publicité. C'est cette formalité substantielle qui fait le propriétaire, et celui-là seul peut être réputé propriétaire qui est inscrit sur les registres fonciers. A l'inverse, celui qui est ins—crit sur ces registres doit être considéré comme légalement investi de la propriété. Nul ne peut contester la validité du titre ou du droit, quand une fois ils ont été rendus publics. Aucune éviction, aucune réclamation n'est recevable à l'encontre d'un acquéreur qui a inscrit son titre d'acquisition, alors même qu'il n'ait point acquis du propriétaire ou que le titre soit entaché de nullité. On comprend d'après cela que, pour être inscrit sur ·es registres, il faut avoir soumis son titre à un contrôle préalable, à une vérification scrupuleuse de la part de l'autorité compétente. Les fonctionnaires de qui l'on requiert l'inscription doivent, comme de véritables magistrats, se faire juges de la validité de cet acte et décider s'il mérite de recevoir la sanction définitive de la publicité. Ce n'est là toutefois qu'une juridiction gracieuse, et, en cas de contestation, on renvoie les parties devant les tribunaux ordinaires. Notons enfin que si une personne se prétend propriétaire légitime d'un immeuble inscrit sous le nom d'une autre, elle peut encore réclamer et faire elle-même *prénoter* sa prétention sur les registres, mais si cette prétention est déclarée fondée, elle devra respecter tous les droits réels acquis par des tiers sur l'immeuble et inscrits avant la prénotation.

Tel est, en résumé, le système allemand, et, en ce point, il se sépare profondément du nôtre.

Chez nous, la transcription ou l'inscription ne sont pas constitutives de la validité d'un acte ou d'un droit. La publicité est une simple mesure de précaution destinée à prévenir les tiers et non une preuve de l'existence du droit et de la validité du titre. Sans doute, le système allemand a cet avantage de donner aux tiers une certitude plus grande et même une complète sécurité, tandis qu'en France la transcription ne me donne point l'assurance que j'ai traité avec le propriétaire ou avec celui qui est capable d'aliéner. Doit-on cependant faire un reproche à la loi de 1855 de n'avoir pas reproduit le régime de publicité usité en Allemagne ? Je ne le pense point. Ce système fonctionne très-bien dans un pays où les propriétés sont peu morcelées, les mutations peu fréquentes ; où la fixité et la stabilité des domaines en rendent les formalités moins gênantes et en atténuent les dangers. Mais son application en France serait-elle une heureuse innovation ? Comme on l'a fort bien dit, la certitude que ce système procure aux tiers est obtenue souvent aux dépens de la justice et toujours aux dépens de la facilité et de la promptitude des affaires. Comment s'accommoderait-on d'un système qui trancherait avec tant de précipitation, le plus souvent sans débat contradictoire, en l'absence des principaux intéressés, les questions les plus ardues de propriété? Que de chances d'erreurs et que d'usurpations ainsi légalement consommées pour l'accomplissement d'une formalité ! Quelles lenteurs, quels frais, quelles entraves à la circulation des biens ! et comment concilier ce régime de publicité avec le principe de la responsabilité des conservateurs? Si on admet que la transcription est précédée d'une vérification de l'acte, le conservateur qui a un libre pouvoir d'appréciation ne peut encourir aucune responsabilité. Enfin, ce qui me paraît exigé par l'intérêt du crédit, c'est que les registres avertissent ; il n'est pas nécessaire qu'ils fassent preuve.

Une autre critique de la loi de 1855, tirée également de la comparaison du système allemand avec le nôtre, me paraît plus fondée. En Allemagne, ce sont les fonds eux-mêmes et non les personnes qui ont un compte ouvert sur les registres fonciers. La publicité des droits réels a pour base la division cadastrale. Chaque fonds de terre est inscrit sur le registre foncier, à son rang et

d'après son numéro cadastral. Étant donnée la désignation cadastrale de l'immeuble, il est très-facile de connaître son état au point de vue des droits réels qui le
grèvent. Dans certains pays, en Hollande notamment,
le cadastre, l'enregistrement, la conservation des hypothèques se trouvent réunis. De nombreux projets de
réforme ont été proposés dans ce sens à notre législateur. Le morcellement excessif de la propriété rend l'application de cette mesure assez difficile chez nous. Mais,
sans réunir ensemble les trois administrations ci-dessus,
il est permis de penser avec d'éminents jurisconsultes
que le cadastre, tel qu'il existe, pourrait être employé
comme utile auxiliaire pour l'indication plus claire et
plus exacte des immeubles et pour la facilité des recherches. (M. Valette, *Rev. de droit fr. et étr.*, 1845.)

Si nous laissons de côté les reproches adressés à la loi
de 1855 au nom de la comparaison des législations
étrangères avec la nôtre, deux sortes de critiques ont été
encore dirigées contre elle : les unes portant sur le
principe même de la publicité ; les autres, dans un
ordre d'idées tout opposé, lui reprochant de ne point
avoir donné à ce principe toute l'extension que réclamait
l'intérêt du crédit.

Les premières, qui ont surtout été formulées au cours
de la discussion de la loi et dans les premiers temps de
son apparition, ne nous arrêteront pas longtemps, car
elles sont à peu près jugées aujourd'hui. Il s'est trouvé
des personnes pour reprocher à la transcription son origine féodale et dire que son rétablissement était un retour
à la féodalité. Cette assertion n'a pas besoin d'une
longue réfutation. La transcription n'a pas plus une
origine féodale que les autres institutions de l'ancien
droit maintenues par le Code. L'idée première a été

fournie, il est vrai, par les coutumes de nantissement, mais ce n'est là que l'origine fortuite et accidentelle de l'institution. Celle-ci en réalité n'a d'autre origine que la raison et le bon sens qui veulent qu'un acte ne soit pas opposable à une personne qui n'a eu aucun moyen de le connaître et de s'en garantir.

On insiste et l'on dit : quand les parties ont fait leur acte, à qui persuaderez-vous que cet acte n'est pas achevé, que l'une d'elles n'est pas propriétaire et que l'autre n'a pas cessé de l'être. L'article 1583, en distinguant entre les parties et les tiers, a fait une distinction impossible, un non-sens qui répugne à la nature du droit de propriété, car la propriété est de son essence un droit absolu qui existe à l'égard de tous, qui ne saurait se concevoir à l'égard des uns sans exister à l'égard des autres. Subordonner l'acquisition de la propriété à la formalité de la transcription, c'est donc faire un pas en arrière, abroger l'article 1138 et le principe de la transmission de propriété par le seul consentement. Cette critique repose tout entière sur un équivoque. Sans doute, le droit de propriété est absolu en ce sens qu'il ne suppose aucune relation de personnes. Mais il ne s'ensuit pas que l'on puisse s'en prévaloir à l'égard de tout le monde. D'ailleurs tous les droits sont absolus, en ce sens qu'ils existent à l'égard de tous sans être opposables à tous. Quoi de plus absolu que l'état de famille ? L'état d'enfant légitime peut cependant n'être opposable qu'à certaines personnes. Une contre-lettre valable entre les parties ne peut être invoquée à l'encontre des tiers pour lesquels elle est restée secrète (art. 1321). Faut-il s'étonner dès lors que la vente non transcrite soit valable entre les parties et ne puisse être opposée aux tiers qui n'ont pu en avoir connaissance ?

On objecte encore que l'article 3 de la loi nouvelle aboutira souvent à donner une prime à la mauvaise foi. Mais on oublie que le système contraire favorise une fraude dont nul ne peut se préserver: un acte sous seing privé ayant date certaine l'emporte sur un acte de date postérieure, bien que le second acquéreur n'ait pu soupçonner son existence, tandis que, sous l'empire de la transcription, l'acquéreur qui paie son prix avant de s'être assuré qu'il n'existe aucune aliénation transcrite ne peut imputer qu'à lui-même les suites de sa négligence.

Quant à l'objection tirée des frais dont la transcription va grever la petite propriété, elle ne paraîtra pas plus solide que les précédentes si l'on songe que, depuis la loi de finances de 1816, et même avant 1855, le droit proportionnel de transcription était toujours perçu en même temps que le droit de mutation, que la transcription fut requise ou qu'elle ne le fut point. Tout au plus pourrait-on exprimer le vœu que la pratique diminuât les frais que nécessitent les états de transcription dressés à la requête des tiers par le conservateur.

Un autre genre de critiques est encore adressé à la loi de 1855 et celles-là me paraissent, je l'avoue, beaucoup plus sérieuses. Elles émanent de ceux qui, approuvant sans réserve le principe admis par la nouvelle loi, lui reprochent de ne pas avoir donné à ce principe toutes les applications et tous les développements qu'il comporte. Il faut en effet reconnaître que, si la propriété a depuis 1855 ses registres de l'état-civil, ils sont incomplets et que leurs lacunes sont autant de piéges tendus à la bonne foi des tiers qui sont en droit d'avoir pleine confiance dans leurs indications. Ce sont d'abord les transmissions par succession légitime ou testamentaire qui sont soustraites au régime de la publicité et ici le danger de la clandestinité se fait surtout sentir pour les legs. C'est peut-être pousser un peu loin le respect de la volonté du testateur que d'affranchir les dispositions testamentaires de toute publicité et de luⁱ sacrifier l'intérêt des tiers trompés par la clandestinité du testament. Cette solution dangereuse en elle-même conduit en outre à des incohérences dans la loi, car si le legs est grevé de substitution, il doit être transcrit. Les tiers ont droit dans les deux cas à une égale protection et dans le cas de substitution, le législateur n'a pas reculé devant une atteinte portée à la liberté de tester.

La loi de 1855 renferme une autre lacune. S'appuyant sur le principe de l'effet déclaratif du partage, elle laisse ces sortes d'actes sous l'empire de la clandestinité la plus absolue, bien que les tiers soient aussi intéressés à connaître la cession de ses droits indivis faite par un cohéritier à son cohéritier que l'aliénation de ces mêmes droits consentie par lui au profit d'un tiers acquéreur.

Ce serait donc se tromper que de considérer aujourd'hui le registre des transcriptions comme l'expression fidèle de l'état de la propriété foncière et des charges qui pèsent sur elle, car deux grandes catégories d'actes, les mutations par décès et les partages n'y sont point mentionnées. C'est là, nous le répétons, une lacune qui nous paraît dangereuse dans une législation qui affiche la prétention de fonder le crédit de la propriété immobilière par la publicité.

On a encore reproché à la loi de 1855 de s'être isolée complétement du système admis par le Code, en matière de transmission à titre gratuit, au lieu de fondre ensemble dans une théorie unique les innovations à intro-

duire dans notre législation et les dispositions anciennes
qui pouvaient être conservées. Elle eût évité ainsi ces
anomalies étranges qui résultent de la comparaison des
deux théories, notamment quant aux personnes qui
peuvent opposer le défaut de transcription d'un acte à
titre onéreux ou d'un acte à titre gratuit. Elle eût ainsi
fait disparaître les difficultés que présentait le Code, au
lieu de les compliquer encore de la combinaison délicate
de la loi nouvelle avec les règles spéciales édictées par le
législateur de 1804.

En résumé, on peut reprocher à la loi de 1855
d'avoir laissé subsister des lacunes dans le système de
la publicité qu'elle inaugurait, de n'avoir pas suffisamment prévu et tranché les difficultés que ferait naître sa
combinaison avec les principes du Code, d'avoir ouvert
par le laconisme et la généralité de ses formules un vaste
champ à la controverse et à l'arbitraire des décisions
individuelles. Mais ces réserves faites, la loi de 1855,
telle qu'elle est, avec son caractère de compromis entre
les idées consacrées et les besoins de réforme, a réalisé
un bienfait incontestable. Elle est un progrès sur la loi
de brumaire dont elle a complété et perfectionné le
système. Elle est un progrès sur le Code dont elle a su
maintenir les principes, tout en donnant à la sécurité
publique les garanties qu'elle réclamait. Elle a en un mot
fait tenir toute notre théorie actuelle de la transmission
de la propriété immobilière dans la combinaison de
ces deux principes : un principe rationnel, celui de la
transmission de propriété par le seul consentement ; un
principe économique, celui de la consolidation du crédit
par la publicité.

—

Droit romain.

I. — L'infidélité du mandataire est-elle un obstacle à ce que j'acquière par lui la propriété? Oui, d'après Julien (L. 37, § 6, Dig., *De acq. rer. dom.*). Non, d'après Ulpien (L. 13, D., *De donat.*).

II. —Le désaccord entre les parties sur la cause de la tradition n'empêche pas en principe la translation de propriété. — Opposition entre la loi 36, D., *De acq. rer. dom.* (Julien) et la loi 18 pr., *De reb. creditis* (Ulpien).

III. — En cas d'aliénation faite par un mandataire qui ne sait pas être propriétaire de la chose, la propriété n'est pas transférée. — Il n'y a pas opposition entre la loi 35, D., *De acq. rer. dom.* et un texte de Marcellus, la loi 49, D., *Mandati.*

IV. — La décision d'Ulpien sur la retranslation *ipso jure* de la propriété par l'effet de la condition résolutoire est une opinion personnelle à ce jurisconsulte, mais qui a triomphé dans le droit de Justinien (L. 41, D., *De rei vind.* et LL. 29 et 30, D., *De mort. causa donat.*).

V. — L'étranger à qui une chose *mancipi* a été livrée en acquiert le domaine complet. (*Règles* d'Ulpien, t. I, § 16 et *Frag. Vatican.*, § 47.).

VI. — Par des pactes et stipulations, indépendamment de la quasi-tradition, on ne constitue pas sur les
fonds provinciaux un véritable droit réel de servitude.

VII. — En matière d'échange, Celse et Paul profes-
saient une théorie différente, en ce qui concerne les
risques (L. 16, *De cond. causa data*, et l. 5, § 1er, *De
præsc. verbis*).

VIII. — A l'époque classique, le possesseur de bonne
foi fait siens tous les fruits perçus avant la *litiscontes-
tatio*, sans distinction entre les fruits existants et les
fruits consommés.

Droit civil français.

I. — La transaction n'est pas soumise à la transcription, en ce qui concerne l'immeuble litigieux.

II. — La cession que fait un héritier de sa part héréditaire à l'un de ses cohéritiers doit être assimilée à un
partage et par suite échapper à la transcription.

III. — La renonciation à une prescription acquise et
invoquée en justice doit être transcrite.

IV. — Celui qui acquiert un immeuble d'une personne qui a négligé de faire transcrire doit faire transcrire, non-seulement son propre titre, mais encore celui
de son auteur.

V. — La connaissance indirecte que l'on a eue d'un
acte non transcrit ne peut couvrir le vice résultant du défaut de transcription de cet acte.

VI. — Les donataires, légataires, créanciers chirographaires du donateur, peuvent opposer le défaut de
transcription de la donation. Ses héritiers ne le peuvent
point.

VII. — L'art. 1072 a pour but de refuser au grevé de substitution le droit de se prévaloir du défaut de transcription de la substitution.

VIII. — L'époux contre lequel la séparation de corps est prononcée perd de plein droit les donations à lui faites par son conjoint.

IX. —L'acceptation sous bénéfice d'inventaire ne dispense pas les créanciers de demander la séparation des patrimoines.

X. — Le juste titre, servant de fondement à la prescription de dix à vingt ans, n'a pas besoin d'être transcrit.

Histoire du droit.

I. — A l'époque franque, c'était l'origine des personnes et non leur libre choix qui déterminait leur loi et leur nationalité.

II. — Le fief et la censive prirent naissance dans des concessions en précaire faites à des clientèles d'ordres différents et dans les démissions de la propriété convertie en précaire.

III. — L'origine des justices seigneuriales est dans les chartes d'immunité.

IV. — Les libertés municipales du xiie siècle ne sont pas une concession de la royauté, mais souvent le produit d'insurrections victorieuses ou de concessions de chartes octroyées à prix d'argent.

Droit des gens.

I. — Un État étranger est soumis à la juridiction

rançaise pour l'exécution des engagements par lui con-
tractés envers un Français.

II. — Les tribunaux français, incompétents pour
statuer sur une demande en séparation de corps intentée
par une femme étrangère, peuvent se déclarer compétents pour lui allouer une provision.

Droit administratif.

I. — Les ventes administratives sont soumises à la
transcription.

II. — Les jugements d'expropriation pour cause d'u-
tilité publique continuent d'être régis par la loi du 3 mai
1841 et échappent à la loi du 23 mars 1855.

Droit criminel.

I. — La poursuite en adultère intentée du vivant du
mari est éteinte par son décès survenu avant la con-
dámnation.

II. — La diffamation envers une personne décédée ne
saurait en principe constituer un délit dont les héritiers
du défunt puissent poursuivre la répression devant les
tribunaux correctionnels.

Vu par le président,

L. DE VALROGER.

Vu par le doyen de la faculté de droit,

G. COLMET-DAAGE.

Vu et permis d'imprimer,

Le vice-recteur de l'Académie de Paris.

Pour le vice-recteur,

l'inspecteur de l'Académie,

CH. DREYSS.

Abbeville. — Imprimerie Briez, C. Paillart et Retaux.

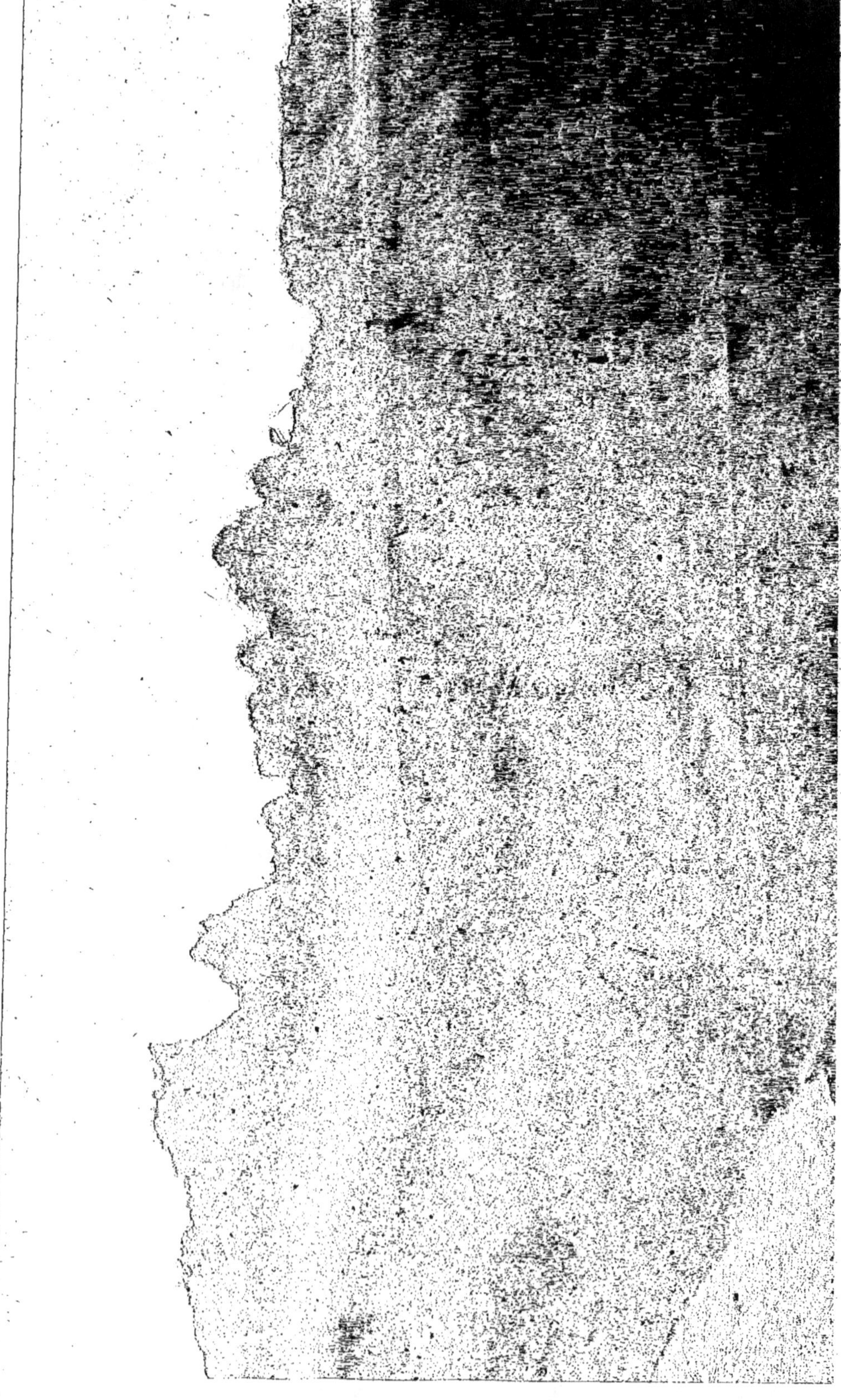

ABBEVILLE. — IMPRIMERIE BRIEZ, C. PAILLART ET RETAUX.

www.ingramcontent.com/pod-product-compliance
Lightning Source LLC
LaVergne TN
LVHW051112060726
842525LV00003B/876

9 7 8 2 0 1 9 3 2 1 0 5 5